"Este libro es un poderoso testimonio del poder transformador de la responsabilidad personal y la visión. El autor no solo comparte su notable viaje de la adversidad al éxito, sino que también ofrece un plano convincente para cualquiera que busque transformar su vida. A través de ejercicios prácticos e ideas profundas, guía a los lectores a no solo soñar con un futuro mejor, sino a hacerlo realidad. Este libro es una lectura esencial para cualquiera que esté listo para tomar el control de su destino y lograr lo extraordinario. ¡Verdaderamente inspirador!"

— Barbara Diaz de Leon, RN,
Autora del Bestseller: *Feel Great in 28*"

"'NO EXISTE EL "NO PUEDO"' es uno de los libros más provocadores, inspiradores, perspicaces, prácticos y transformadores que he leído. Este es un gran libro de autoayuda que necesitas en tu biblioteca personal. ¡Recomiendo este libro al mundo!"

— Tressa Mitchener,
Autora del Bestseller: *Looking Out From the Inside*"

"NO EXISTE EL "NO PUEDO"' es un viaje transformador que nos recuerda nuestro potencial divino. Este libro articula bellamente cómo cada uno de nosotros lleva una chispa de lo divino, capacitándonos con la habilidad de moldear nuestra realidad. A través de su narrativa convincente, los autores desmantelan las creencias profundamente arraigadas que limitan nuestro éxito, salud, amor y prosperidad. Las preguntas de estudio al final de cada capítulo son particularmente efectivas, alentando una reflexión profunda y la aplicación práctica de los principios del libro. Esto no es solo un libro; es un movimiento hacia la liberación de nuestra grandeza inherente. Altamente recomendado para cualquiera que esté listo para desafiar sus límites y abrazar las posibilidades infinitas de la vida."

— Ana Parra Vivas,
Autora Multi-Premiada, "I Trust My Inner Voice"

"Las páginas de este libro te proporcionarán poderosas ideas sobre una historia de vida inspiradora. Prepárate para maravillarte con las ideas transformadoras y los pasos prácticos en 'NO EXISTE EL "NO PUEDO'. ¡Definitivamente no querrás perderte estas ideologías convincentes y principios orientadores!"

— Judy O'Beirn,
Presidenta de Hasmark Publishing International

NO EXISTE EL "NO PUEDO"

Por

Ross García

Hasmark
PUBLISHING
INTERNATIONAL

Publicado por
Hasmark Publishing International
www.hasmarkpublishing.com

Descargo de responsabilidad

Este libro está diseñado para proporcionar información y motivación a nuestros lectores. Se vende con la comprensión de que el editor no está comprometido a brindar ningún tipo de consejo médico, psicológico, legal o de cualquier otro tipo. El contenido de cada artículo es la única expresión y opinión de su autor, y no necesariamente la del editor. No se expresan ni implican garantías por la elección del editor de incluir algún contenido en este volumen. Ni el editor ni el autor individual serán responsables de ningún daño físico, psicológico, emocional, financiero o comercial, incluidos, entre otros, daños especiales, incidentales, consecuentes u otros daños. Nuestras opiniones y derechos son los mismos: usted es responsable de sus propias elecciones, acciones y resultados. Este libro es solo para fines educativos e informativos. El contenido de este libro no debe interpretarse como consejo médico o profesional. El lector debe evaluar cuidadosamente la información proporcionada y consultar con un profesional de la salud con licencia antes de tomar decisiones o realizar acciones basadas en el contenido de este libro. Toda la información ha sido verificada lo mejor posible para ser factualmente correcta en el momento de la impresión. Se publican investigaciones nuevas con frecuencia. El sitio web de la Sociedad Norteamericana de Menopausia es una buena fuente para encontrar las últimas investigaciones sobre la menopausia. Este libro no reemplaza una visita con su proveedor de atención médica. No ignore los consejos de su proveedor de atención médica debido a algo que haya leído en este libro.

El permiso debe dirigirse por escrito a Rosendo García a wealthmindsetinfo@gmail.com.

Editor y Traductor: Alexa del Real (alexa@realvisualsmarketing.com)
Diseño de Portada: Real Visuals Marketing (info@realvisualsmarketing.com)
Diseño Interior: Amit Dey (amit@hasmarkpublishing.com)

PAPERBACK:
ISBN 13: 978-1-77482-276-0
ISBN 10: 1-77482-276-8

Hasmark
PUBLISHING
INTERNATIONAL

DEDICACIÓN

A mi padre, Rosendo García López,
por su inquebrantable apoyo y amor
que han sido la luz que me guía.

AGRADECIMIENTOS

Quiero agradecer a Dan R. Matthews; porque sin su ayuda, este libro no sería posible.

TABLA DE CONTENIDOS

Prólogo xi

Capítulo 1: ¿Quién dijo que no puedes? 1

Capítulo 2: Tú Contra Tí mismo. 13

Capítulo 3: Limitaciones 25

Capítulo 4: Dilo otra vez: "¡Yo puedo!" 35

Capítulo 5: El mundo exterior. 45

Capítulo 6: Afirmaciones. 55

Capítulo 7: Lo que ves. 63

Capítulo 8: EL "NO PUEDO" existe 69

Capítulo 9: Soñando 77

Capítulo 10: Los paradigmas que destruyen el
            "¡Yo Puedo!" 85

Capítulo 11: Todo ya está aquí. 97

Conclusion 109

Sobre el autor 113

PRÓLOGO

Hola a todos. Soy Ross García. Finalmente les traigo un libro que estuve pensando en escribir desde hace mucho tiempo. Me vino a la mente una noche mientras cenaba, y decidí escribirlo porque realmente me gustaba el título. Sentí que el título era tan bueno que cuando la gente lo viera, pensaría: "Esto suena muy interesante". Realmente quería compartir algo muy importante, conectarme con ustedes y hacerlos decir a sí mismos: "¡Esto es increíble!"

La parte hermosa del viaje es cuando estás trabajando para avanzar. ¡Es energizante! No es así cuando estás abajo, porque en ese momento tienes que tener fe en ti mismo.

No estudié para ser autor y tampoco me iba bien en la asignatura de literatura, pero siempre me dije a mí mismo: "Tengo una historia que contar". Sentía que podía contar al mundo algo a mi manera y así conectaría con ellos.

Me di cuenta de que esta era la parte más importante: llevar la información a la gente para que realmente la entendieran. Llevarla a su mente, a su corazón y aplicarla para hacer una diferencia. Cambiar sus vidas. Creo que este mensaje puede cambiar vidas.

Es realmente fácil contar tu propia historia en voz alta. La parte difícil es escribirla. Pero si escribes algo, un poco a la vez, y sigues adelante, eventualmente se convierte en un libro.

Entonces pensé: "¿Por qué no simplemente hablar de mi vida?" Hablar es fácil para mí, y puedo simplemente relatar mi pasado, mi viaje y mi vida tal como sucedió hasta obtener el éxito. Esta es mi forma de presentar mi libro, hablando contigo y colaborando con varias personas que me están ayudando en este viaje.

Eso no significa que fuera fácil. No lo fue, porque cuando quieres algo que está muy por encima de lo habitual, es muy difícil alcanzarlo. Tienes que atravesar numerosas barreras y superar obstáculos uno tras otro. Supongo que podrías sentir que estás pasando por un alambre de púas, ¿verdad?, y salir de ahí muy lastimado, pero es parte del proceso. Lo crucial es no quedarse en esa situación.

La clave es avanzar, progresar, saltar barreras, superar obstáculos y brincar al siguiente nivel.

El título del libro es 'No Existe El No Puedo'. Vamos a adentrarnos en cada capítulo de 'No Existe El No Puedo". Y después de haber leído este libro, quizás varias veces, podrías encontrarte diciendo: "¡El Yo puedo realmente existe!"

En la vida de casi todos, "no puedo" sí existe. Bueno, eso es cierto, porque todo lo que pasa en tu vida, en realidad está solo en tu mente. Hablaremos sobre eso más adelante.

Estamos embarcando en este viaje. Vamos a adentrarnos en diferentes áreas de tu mente que quizás no sabías que existían, y aprenderás. Descubrirás que "no puedo" con frecuencia es algo que te impusieron o te dijeron en la vida, alguien te dijo: "No puedes" o "No puedes hacerlo bien". Esto me recuerda al lema de Nike, "Solo hazlo".

Capítulo 1

¿QUIÉN DIJO QUE NO PUEDES?

El primer capítulo de 'No Existe El No Puedo' es este capítulo aquí!

El primer capítulo se titula "¿Quién dijo que no puedes?"

Aquí es donde realmente necesitas empezar a pensar profundamente. Usa tu memoria. Debes comenzar volviendo en el tiempo, especialmente cuando eras un niño. Recuerda momentos cuando eras pequeño, cuando estabas ansioso por comprar algo, y la gente decía rápidamente: "Sabes que no puedes pagarlo. No tienes suficiente dinero. ¡No puedes comprar eso!" ¿Cuántas veces te dijeron "no puedo" —

Y de adulto, ya sea en el trabajo, en una relación, en la escuela, por tus padres, tus primos, o tus seres queridos— y ellos dijeron:

- "No puedes hacerlo."
- "Eso no es correcto."
- "No puedes pedir más dinero en tu trabajo."
- "No puedes comprar un coche."
- "No puedes retirarte joven."
- "No puedes tener una relación."
- "No puedes ser rico."
- "No puedes viajar por el mundo."

Básicamente, lo que te están diciendo es: "Vamos a enfocarnos más en lo negativo."

Centrémonos más en lo negativo en este libro de por qué supuestamente no puedes. Vamos a entrar más en detalle sobre el por qué no puedes. Quizás consideran que eres menos. Quizás es porque no fuiste criado en una familia productiva. Quizás no puedes porque no tienes dinero ahorrado para comprar un coche o porque nunca has tenido una relación estable. Quizás no puedes porque no eres un autor, porque nunca fuiste a la escuela, y nunca obtuviste buenas calificaciones o abandonaste la escuela antes de graduarte. Tal vez ni siquiera terminaste la escuela secundaria. Tal vez no puedes viajar porque nadie en tu familia viajaba. Tal vez no puedes porque el mejor trabajo que tuviste fue trabajar en McDonald's. Quizás no puedes porque tienes dificultades para concentrarte, te perciben como un idiota.

¿Verdad? No es una palabra agradable, pero se utiliza. Tal vez no puedes porque nadie en tu familia lo ha hecho, entonces ¿por qué deberías intentarlo?

Quizás no puedes porque simplemente no eres lo suficientemente bueno o porque no eres un líder. Tal vez no eres productivo, no limpias tu casa o no vas al gimnasio. Tal vez te ves mal. Tal vez no puedes porque todas las probabilidades parecen estar en tu contra, puedes, ¿por qué deberías molestarte? ¿Por qué serías capaz de lograrlo?

Pero, ¿quién dijo realmente que no puedes?

Enfoquémonos en quién dijo que no puedes. Pensemos en eso. ¿Quién dijo que no puedes? Fue todo el mundo en tu vida. Según ellos no puedes porque ellos no pudieron. Pero cuando escuchaste a todos diciendo: "No puedes", de repente comenzaste a decir "No puedo" y una vez que comenzaste a creer en ellos, en lo que otros decían, ahí es donde te equivocaste, porque hay más de ellos que de ti. Y todos dicen lo mismo: "No puedes". ¿Por qué? Por una cosa. ¡Es todo lo que saben sobre sus propias vidas! Aunque estén equivocados, solo hay uno de ti, pero hay muchos de ellos.

Piensa en un evento deportivo. Puede haber cientos o miles de personas viendo un juego de baloncesto, pero solo hay 10 jugadores en la cancha. Miles en la audiencia tienen creencias contradictorias: ¡la mitad piensa que un equipo no puede ganar, mientras que la otra mitad cree que el otro equipo no puede ganar!

¿Los jugadores escuchan a esas personas que piensan que no pueden ganar? ¡No! Ellos juegan y dan lo mejor de sí, escuchando a su entrenador y a quienes están de su lado.

La misma idea está en juego en esta situación, reflejando tu propia vida. Puedes encontrarte con mil personas diciéndote que no puedes hacer algo. No les prestes atención. Simplemente haz tu mejor esfuerzo.

Lo mismo sucede dentro de nuestra mente. Tenemos dos lados para pensar: la lógica y la fantasía. La sociedad nos condiciona a pensar como todos los demás. Así que lógicamente, podrías escuchar un lado de tu cerebro diciendo "no puedes" porque todos los demás dijeron que no puedes, y desde el principio, repites "no puedo". Así que te quedas ahí, atrapado, incapaz de cambiar o avanzar porque escuchaste esa voz de duda.

Pero aquí está la promesa: ¡Las cosas están a punto de cambiar para ti!

Este libro está aquí para ayudarte a salir de esta situación para que siempre puedas decir con confianza: "¡Yo puedo!" ¡Porque TÚ PUEDES! Yo puedo. Todos pueden.

El dicho dice: "Donde hay voluntad, hay un camino". Tu voluntad es simplemente tu capacidad de enfocarte en un pensamiento y no pensar en nada más sin distracción.

¿Recuerdas la primera vez que te enamoraste? No podías concentrarte en nada más excepto en esa persona. ¡Solo hazlo!

Necesitas dirigir tu enfoque hacia esa voluntad. ¿Por qué dicen que donde hay voluntad, hay un camino? Cuando te enfocas en la voluntad, estás utilizando una facultad superior llamada facultad intelectual. Es una habilidad dada por Dios.

Tienes facultades superiores, incluyendo:

- tu imaginación
- la voluntad
- el razonamiento
- la intuición
- la memoria
- la percepción

Cuando comienzas a utilizar las facultades superiores, puedes acceder a un mundo que fue borrado de tu mente, borrado por los maestros, por la sociedad, por el matrix que te decía susurrando: "¡No puedes!"

Quizás te dijeron que podías vender autos pero nunca conducirlos o nunca ser el propietario del lote, porque "simplemente no puedes".

Algun dia habras dicho: "No sabes las ganas que tengo de tener éxito" Y de repente, solo recibiste comentarios negativos de tu familia y amigos.

¿Y qué dijiste? ¿Qué hiciste? Dijiste repetidamente: "No puedo", y durante 20 años, viviste pensando "No es posible. No puedo hacerlo." Pero, ¡No tiene que ser así!

Siempre escucho a la gente decir:

"No tengo dinero".

O,

"No puedo hacerlo bien".

Y respondo con sugerencias como: "¿Por qué no nos vemos en Barcelona?"

"No puedo. No tengo dinero para ir a Europa."

"Entonces, ¿por qué no nos encontramos en Chicago?"

"No puedo. No tengo dinero para ir a Chicago."

Enfoquémonos en lo que está sucediendo aquí; Estás demasiado ocupado usando tus facultades inferiores, tu mente analítica, donde puedes ver, oler, probar, escuchar y tocar, y eso es fácil.

Todos hacen eso.

Así que estás enfocando tu atención a través de esas facultades inferiores. No te estás concentrando en tu voluntad. Sin embargo, hay una voluntad. Es operada por tus facultades superiores. Esa es tu verdadera voluntad, y esa voluntad puede llevarte a donde pensabas que no podías ir.

Todos te dirán lo que sienten. Pero ¿sabes qué? Ellos no saben, porque renunciaron a sí mismos hace mucho tiempo. Dejaron de intentarlo. ¡Algunos incluso dejaron de pensar! Por eso el 1% de las personas en el mundo poseen la mayoría de los negocios y ganan la mayoría del dinero.

Este libro se centra en el tiempo, el dinero, el cambio y la libertad. Si te convences a ti mismo de que no puedes, entonces no podrás. Piensa que no puedes, y tienes razón. Inventarás razones por las cuales no puedes. No tendrás tiempo, no tendrás dinero, no tendrás la experiencia o educación adecuada, te faltarán los elementos correctos. Te meterás en un hoyo diciéndote mentiras. Deseas la libertad, así que necesitas entender que no puedes tenerla si crees que no puedes. No puedes tenerla porque necesitas tener tiempo, dinero y/o libertad. Libertad para viajar por el mundo cuando quieras. Dinero; dinero que genera más dinero. E ideas que te proporcionarán múltiples fuentes de ingresos.

"Yo no puedo" puede parecer simplemente palabras, pero una palabra es muy poderosa porque puede cambiar tu forma de pensar. Cuando te enfocas en esa palabra, construyes una imagen en tu mente de por qué no puedes, y comenzarás a verte a ti mismo como una persona de menor valía en este planeta.

Pero la realidad es que eres un espíritu celestial viviendo en un cuerpo humano, y estás aquí para hacer un plan de

Dios, para cumplir un propósito superior. Debes enfocarte en las cosas que quieres hacer, y poco a poco llegarás allí. ¡Si dices, "¡Yo puedo!"

Claro, hay obstáculos. Hay tropiezos. Hay barreras. Pero ninguno de ellos significa nada, no pueden detenerte a menos que pienses "no puedo".

El "yo no puedo" es un muro de ladrillos. "Yo puedo" te ayudará a romper ese muro. Este libro, a través de la repetición, te ayudará a derribar ese muro.

Te encontrarás con dudas, y volverás a pensar: "No puedo". Y tendrás razón, a menos que hagas una cosa: que tomes la **decisión** de cambiar.

Este libro está aquí para ayudarte a romper limitaciones y superar lo que se llama "La Barrera del Terror", como dicen, el muro mental, el obstáculo abrumador que solo es real en tu mente. Pero es aterrador.

Este libro está diseñado para ayudarte a llegar al próximo nivel, para dar un salto cuántico en tu tiempo, tu dinero y tu libertad. Entonces recuerda, ¿quién realmente dijo "No puedes"? Fuiste tú, no ellos, los miles que no entienden. Ahora mismo, les crees. Eso cambiará, y empezarás a creer en la verdad. ¡TÚ PUEDES!

William James, un profesor de la Universidad de Harvard en la década de 1900, impartió una idea profunda:

"Cree en tu creencia y tu creencia literalmente creará el hecho".

Cree en tu creencia. Lo que has creído hasta ahora probablemente hayan sido sus creencias, y esas creencias han venido con limitaciones y esas limitaciones comienzan con un "No puedo".

"Yo no puedo", "tú no puedes" y "ellos no podrán" es un ciclo que te mantiene atrapado. ¡Vamos a liberarnos de eso!

Yo puedo. Cambiemos nuestro enfoque hacia el por qué, todas las razones por las que puedes:

- Ser exitoso
- Ser grandioso
- Ser inteligente
- Crear algo de la nada
- Viajar por el mundo
- Ganar más dinero
- Tener ingresos residuales
- Tener fuentes de ingresos más estables

Tú puedes. Vamos a construir imágenes de por qué puedes, y te vas a quedar ahí. Estas imágenes se van a manifestar en forma física a través de tu mente.

¡Tú puedes!

Capítulo 1 Preguntas de Estudio

1. Escribe sobre el momento en que comenzaste tu viaje de descubrimiento personal y tu propósito en la vida.

_____

_____

_____

_____

_____

_____

_____

_____

_____

2. En los primeros días de tu viaje, ¿cuáles fueron algunas de las barreras que enfrentaste y que te impidieron avanzar?

_____

_____

_____

_____

_____

_____

_____

_____

_____

3. ¿Cuáles eran algunas de las creencias de "no puedo" que aprendiste mientras crecías? ¿Quién las implantó en tu mente?

_____

_____

_____

_____

_____

_____

_____

_____

4. ¿Qué es lo que más deseas en la vida? Escribe lo que realmente amarías si el dinero no fuera un problema y no existiera la opción de fracasar.

_____

_____

_____

_____

_____

_____

_____

_____

_____

Capítulo 2

TÚ CONTRA TÍ MISMO

No es nadie más.

Siempre has sido tú contra ti.

Has sido tú mismo quien se dice estas cosas.

Te has estado enfocando en ti mismo, ¿y por qué tú mismo?

Conoces cómo se desarrolla el diálogo entre esas voces en tu cabeza. Es algo parecido a esto:

"No puedes."

o

"¿Por qué tú?"

o

"¿Quién crees que eres?"

o

"¿No sabes cómo?"

La voz te dice:

- Porque no pudiste
- Porque lo creíste
- Porque es injusto
- Porque no tienes suficiente de esto, o suficiente de aquello

¿Por qué es "tú contra ti" y no "tú contra ellos"? Porque ellos no tienen control sobre tu vida. Y no viven contigo.

Solo tú vives contigo.

Solo tú te despiertas contigo.

Solo tú puedes decidir levantarte e ir al gimnasio, participar en algo productivo o dar un paseo. Solo tú decides invertir tu tiempo en algo beneficioso o nutrir pensamientos positivos y creativos.

Solo tú posees la capacidad de pensar por ti mismo. Nadie más podría pensar por ti, así que tu batalla contra ti mismo es un choque entre tú como el maestro y tú cómo la víctima.

¿Quién saldrá victorioso? Te lo diré. No es un misterio. Ganar está determinado por ley.

La versión de ti que triunfa es aquella a la que le dedicas más atención.

Dominemos la parte de ti que tiende a ser la víctima.

Enfoquémonos en cuántos pensamientos tienes a lo largo del día y en qué consisten. Te mostraré cómo.

Deshagamonos del "no puedo" porque no existe.

Nunca existió.

Solo "existía" en tu mente, formada por una imagen que permanecía ahí a lo largo del día, y toda esa contemplación formaba tu realidad. Tu pensamiento creó tu mundo.

Por eso, lo que percibes a través de tu facultad inferior, guiada por tu mente racional, no parece correcto. No es atractivo. Lo que ves no está bien, así que deliberadamente desviemos la atención de lo que no parece correcto. Dirige tu enfoque únicamente hacia lo que te gusta y lo que eres capaz de hacer, ignorando las limitaciones impuestas por otros o las que te impusiste a ti mismo.

Puedes hacer todo lo que quieras.

Sin embargo, si te enfocas en "no puedo", entonces "no puedo" coexistirá junto a "puedo".

Cuál gane depende de ti.

Solo considera la noción de "si puedo".

Puedes, y esta capacidad proviene del poder dentro de ti. La autoridad de "si puedo" o "no puedo" cobra vida a través de tu creencia en ella.

Entonces, démosle vida al "si puedo". ¿De acuerdo? Dominemos el "tú". ¿Cómo dominarte a ti mismo? Se hace SABIENDO lo que realmente amas.

¿Qué significa eso? Significa que debes albergar un ardiente deseo por algo, algo que debes crear a partir de la nada. Cuando te enfocas en lo que amas con el pensamiento de "puedo", estás creando esencialmente algo de la nada.

Reconoce que existimos en dos reinos: el físico y el espiritual. El mundo espiritual, a veces, puede parecer como un reino fantástico. Sin embargo, es innegablemente real porque, en la mente subconsciente, todas las realidades son posibles.

Comienza a contemplar la realidad que deseas y dirige tu atención enfocada hacia ella. Añade a eso el ardiente deseo de lo que realmente quieres. Tus emociones infundirán tu atención enfocada con energía adicional, actuando como combustible para cumplir ese ardiente deseo.

Recuerdo haberme unido a la empresa de Bob Proctor en 2016 cuando me informaron sobre un próximo evento en Nueva York llamado el Millonario de Hoy en Día. Un amigo de Bob Proctor estaba organizando el evento en el prestigioso Carnegie Hall.

¡Carnegie Hall! Construido con una significativa donación de Andrew Carnegie. Para aquellos que no estén familiarizados con Andrew Carnegie, fue un exitoso fabricante de acero a finales del siglo XIX y principios del siglo XX.

Carnegie ostentaba el título de la persona más rica de Estados Unidos.

En 1905, se cruzó en el camino con un joven reportero de periódico llamado Napoleon Hill.

Napoleon Hill es el autor del exitoso libro sobre éxito, "Piense y hágase rico", junto con obras como "Las leyes del éxito", "Desafiando al diablo" y "Cómo aumentar su propio salario". Cuando los dos se encontraron, Carnegie propuso: "¿Te gustaría escribir sobre las leyes del éxito para ayudar al hombre moderno?" Napoleon Hill tardó aproximadamente 28 segundos en responder, diciendo: "Sí, Sr. Carnegie, puede confiar en mí. Lo lograré".

¿Qué tiene esta narrativa que ver con la idea de que el "No puedo" no existe? Hasta ese momento, Napoleon Hill luchaba con sus propias limitaciones. No estaba familiarizado con el concepto de filosofía, carecía de conocimientos sobre la escritura de libros, no tenía medios financieros y no tenía conexiones con personas ricas y exitosas. Sin embargo, Andrew Carnegie lo tranquilizó, afirmando: "Puedes hacerlo, empezando ahora".

Aquí estoy yo, una persona común criada en medio de limitaciones y entrenada para percibir la vida a través de la lupa del "No puedo". Sin embargo, aquí estoy, sentado en el Carnegie Hall escuchando a mi mentor, Bob Proctor, contar la historia del encuentro entre Andrew Carnegie y Napoleon Hill en Nueva York. Es la primera vez que estoy en este lugar tan distinguido. En medio de los hermosos asientos rojos, rodeado de personas famosas, Les Brown sube al escenario. Sandy Gallagher, la pareja de Bob Proctor, lo acompaña.

En ese momento, mientras miro a mi mentor de pie en el escenario ante mí, armado con dos hojas de papel, él cuenta la historia de cómo Napoleon Hill conoció a Andrew Carnegie en la década de 1900.

Bob Proctor señaló que si no fuera por Andrew Carnegie, "Piense y hágase rico" no existiría. Pero volvamos al punto. Napoleon Hill luchaba con muchas limitaciones. Su mente se convirtió en un campo de batalla, acosada por los ecos de personas de su pasado que albergaba la mentalidad del "no puedo". Por unos segundos pensó, "no puedo", pero luego decidió que sí podía. Decidió dar el salto, declarando: "Sí, señor". Abordó un tren para entrevistar a Andrew Carnegie, gastando todo su dinero para llegar ahí. Ni siquiera tenía suficiente dinero para regresar a casa.

Como joven reportero de periódico, Napoleon Hill arriesgó todo para entrevistar a Andrew Carnegie.

Afortunadamente, Andrew Carnegie vio algo en Napoleon Hill que Hill no veía en sí mismo. Carnegie observó que Hill tomaba decisiones rápidamente y tenía certeza. Sabia que él daría el paso extra. Andrew Carnegie reconoció el potencial para la grandeza. Eso es lo que hace un mentor.

Un mentor ve algo en su estudiante que el estudiante no puede ver en sí mismo. Andrew Carnegie reconoció este potencial en Napoleon Hill y le preguntó: "¿Te gustaría hablar sobre las leyes del éxito?" A esto, Napoleon respondió inmediatamente: "Sí, Sr. Carnegie. Puede confiar en mí. Lo lograré."

Napoleon Hill pasó los siguientes tres días en la mansión de Andrew Carnegie. Durante este tiempo, planearon la trayectoria de Napoleon Hill durante los siguientes veinticinco años. Su misión: entrevistar a más de 500 de las personas más ricas del mundo, desentrañando los hilos comunes que unían su éxito. Luego debía escribir un libro. El resto, como dicen, es historia.

Avanzamos rápidamente a mi realidad, sentado en Nueva York, escuchando atentamente a Bob Proctor. Nunca antes había puesto un pie en Nueva York, nunca había visto la Estatua de la Libertad con mis propios ojos. Pero aquí estoy en la audiencia, absorbiendo la narrativa de cómo Napoleon Hill se cruzó en el camino de Andrew Carnegie.

Es una batalla—Tú contra ti mismo.

Es tú contra ti; no es tú contra ellos.

Antes creíste en el "no puedo".

Pero puedes. Yo podía. Lo hice. Lo hago. Lo he logrado.

En Nueva York, presencié la sabiduría de Bob Proctor en persona. Le estreché la mano y le dije: "Trabajo con tu empresa."

"¡Felicidades! Estoy feliz por ti", respondió Bob.

Ahora mi enfoque se centra en escribir libros. Es tú contra ti.

Piensa en cuántas veces te has dicho a ti mismo que algo no es posible. Dijiste:

> "No puedo ganar $1,000,000".

"O

> 'No puedo abrir un negocio'.

Pero sí puedes.

Sentado en el Carnegie Hall, Bob Proctor relató la directiva de Andrew Carnegie a Napoleon Hill. Carnegie dijo: 'Sé que no puedes hacer esto ahora. Pero podrás hacerlo, si y solo si crees que puedes hacerlo. Quiero que te mires en el espejo, Napoleon, y te digas a ti mismo: 'Andrew Carnegie, voy a superar tus logros. ¡Te voy a encontrar en la meta y te voy a superar en la tribuna principal!'"

Napoleon, inicialmente indeciso, respondió: "Sr. Carnegie, usted es la persona más rica del mundo. No hay forma de que pueda mirarme en el espejo y decirme una mentira."

Carnegie insistió en que podía hacerlo si creía que podía. Encargó a Hill que realizara afirmaciones diarias de "puedo" frente al espejo hasta que la creencia echara raíces. Y así, Napoleon Hill cumplió.

Recuerda, eres tú contra ti.

Hasta este punto en el Carnegie Hall, mi vida era un desastre, un completo desastre.

Tal vez tú también sientas que tu vida es un desastre.

Lo que quiero que hagas es mirarte en el espejo tal como Andrew Carnegie le dijo a Napoleon Hill. Mira esa superficie reflectante y declárate algo profundo; dite a ti mismo lo que

realmente amas. Luego di: "Puedo hacerlo. Sé que 'puedo' sí existe, y lo haré, y lo estoy haciendo en este momento".

Comprende que eres tú contra ti. Enfréntate a ti mismo.

El pasado, el presente y el futuro ya están hechos, ¿entonces cómo avanzamos hacia el futuro con nuestro pensamiento pasado? ¿Cómo nos conquistamos a nosotros mismos en nuestra propia mente?

Pensando de manera productiva.

Piensa "Puedo" y "Todo es posible".

Quiero darte esta lección. Mírate en el espejo. Eres tú contra ti. Reconoce que hasta este punto, has sido tú quien se ha dicho que no puedes hacerlo. No fueron "ellos" quienes te convencieron. Pueden haberte dicho "No puedes hacerlo", pero tú fuiste quien lo creyó.

Quiero que entiendas. Quiero que creas en ti mismo, y quiero que creas en la persona en el espejo. Deja de discutir con esa persona. Deja de pelear con esa persona en el espejo, porque discutir contigo mismo no producirá resultados.

Eres tú contra ti.

Acepté el desafío de enfrentarme a mí mismo en el espejo, diciéndome a mí mismo que soy un autor productivo, un bestseller del New York Times y un bestseller de Amazon. Estoy trabajando activamente hacia ese objetivo al entregarte esta información. No solo lo sé, sino que también

créelo. Si aún no estás ahí para creerlo, al menos cree que yo sí.

Recuerda la sabiduría de William James:

> *"Cree en tu creencia, y tu creencia literalmente creará el hecho".*

Capítulo 2 Preguntas de Estudio

1. Da cuatro ejemplos de tus propias conversaciones internas con la voz de "No puedo". ¿Qué razones te diste a ti mismo?

_____

_____

_____

_____

_____

_____

_____

_____

_____

2. ¿A cuál voz estás prestando más atención: la voz de "Puedo" o la voz de "No puedo"? Explica por qué.

_____

_____

_____

_____

_____

_____

_____

_____

_____

3. Da un ejemplo de cómo tu pensamiento ha creado el mundo en el que vives.

_____

_____

_____

_____

_____

_____

_____

_____

_____

4. 4. Escribe una declaración de "Puedo" para ti mismo. Luego, busca un espejo y repítelo con pasión y emoción. Hazlo 10 veces.

_____

_____

_____

_____

_____

_____

_____

_____

_____

Capítulo 3

LIMITACIONES

Todo el mundo cree en los límites.

Las personas comúnmente piensan que hay un límite en cuánta riqueza se puede acumular, cuán profundo puede ser el verdadero amor, en cuán saludables pueden estar, y en otras áreas de la vida. Albergan creencias de que:

- Hay un límite en cuán rápidamente puede suceder el progreso.
- Hay un límite en cuánto dinero puedes ganar.
- Hay un límite en el tiempo disponible.
- Hay límites para cada aspecto concebible en la vida.

Pero la realidad es que no hay límite.

Los únicos límites que existen son aquellos que aceptas como verdad. Una vez aceptados por ti, estos límites se convierten en tu realidad.

Napoleon Hill observó astutamente que el único límite que alguna vez existió es el que se construyó en tu propia mente. Tu mente posee un poder tan increíble que literalmente puedes acceder a todo lo que deseas.

Cada elemento en el mundo resuena con su propia energía o frecuencia única, similar a un número de teléfono movil. Tus pensamientos operan en vibraciones manifestadas como imágenes o emociones. Las imágenes mentales que estás creando o en las que estás concentrado son los arquitectos de tu realidad externa.

No mires al mundo exterior y simplemente déjalo entretenerte. Tú lo has creado.

Acércalo a ti y abrázalo. Comprende que si crees en la posibilidad del "No puedo", creas las circunstancias que hacen que esa afirmación sea verdadera.

Tienes que saber que puedes ser productivo y hacer que las cosas sucedan con unos pocos pasos clave. En primer lugar, CREE que puedes. No hay limitaciones, como lo expresa Napoleon Hill, "La única limitación que existe es la que existe en tu propia mente".

Todo —posibilidades, logros, barreras— ya existía en tu pensamiento antes de existir en el mundo físico. Cuando admiras la pintura de la Mona Lisa, no estás viendo el original; se fue cuando murió Leonardo da Vinci. Lo que ves es una réplica, una segunda copia. El original, la primera copia, existía en su mente. Considera esto al observar el arte.

De igual manera, piensa en eso cuando estés mirando tus resultados actuales. Para pasar de "No puedo" a "Puedo", cambia tu pensamiento, altera tus creencias y comprende que no hay límite para los niveles que puedes alcanzar.

Reflexionando sobre mi viaje, recuerdo haber ganado mis primeros $2,000,000. Tomó mucho tiempo y mucho trabajo. Progresar de 2 millones a 50 millones presentó un estiramiento mental significativo, pero logré esto más rápidamente que los primeros 2 millones. Alcanzar los 50 millones me llenó de emoción.

Sin embargo, Wallace Wattles, en "La Ciencia de Hacerse Rico", aconseja evitar la emoción. En su lugar, véala como parte de tu proceso de crecimiento. Espérala y acéptala con gratitud.

No hay absolutamente ningún límite. Así como progresé de 50 millones a 100 millones, existe el potencial para alcanzar mil millones. De manera similar, puedes lograr 100,000 dólares, un millón o 10 millones. Tu sistema de creencias dicta el resultado sin limitaciones.

Enfócate en la imagen detallada de lo que amas, centrándote en cada aspecto. Debes enfocarte claramente en las emociones positivas asociadas con el éxito, experimentando la alegría de haberlo logrado.

Los psicólogos señalan que generamos aproximadamente 60,000 pensamientos por día, y solo alrededor del 2% están relacionados con lo que realmente queremos, lo que deseamos. El resto son pensamientos menores, impulsados por el miedo o limitantes.

Analiza estos pensamientos a medida que llegan, ya que a menudo están moldeados por influencias externas como la televisión, las redes sociales, amigos o familiares, dictando tus resultados. Están imponiendo las opiniones del mundo exterior en tu mente.

En lugar de permitir que estos pensamientos se filtren, busca consuelo en un lugar tranquilo. Lee libros que refuercen la mentalidad de "Puedo", contrarrestando el sentimiento de "No puedo" y disipando las limitaciones impuestas por aquellos que dijeron "No puedes hacerlo".:

Cree que no hay límites; la única barrera existe en tu mente.

Las cosas que deseas ya están dentro de ti, existiendo en una frecuencia y vibración particular. Conecta tu mente subconsciente con los fuertes sentimientos emocionales asociados con el pensamiento de haber logrado tu objetivo.

Tu sensación de logro abre aún más tu mente subconsciente, dando energía al sentimiento de "Puedo".

La emoción alimenta el fuego de tu ardiente deseo, intensificando el cambio de "No puedo" a "Puedo".

Si no te sientes positivo acerca de tu objetivo, atraer las cosas que deseas se vuelve desafiante. Abraza un sentido de asombro al respecto, porque te lo mereces. No hay límites.

Cuando imagino una vida sin límites, pienso en los autos voladores. Considera la película El Quinto Elemento con Bruce Willis como el personaje Corbin Dallas. En la película, Corbin conduce un taxi volador. En una escena, una mujer irrumpe en la pantalla. Resulta ser el interés amoroso de Corbin al final de la película, y de alguna manera, el amor se convierte en el salvador tanto de ella como del mundo.

En un momento crucial, ella salta al taxi. "¡Ayúdame!" le grita a Corbin, "¡Ayúdame!" La policía, en caliente persecución, desconoce su identidad. Se disparan tiros al taxi volador de Corbin en los cielos de la ciudad de Nueva York. Cerca, un hombre chino prepara comida casualmente, y la gente flota en el cielo como los Jetsons.

Esta escena, típica de películas de ciencia ficción como Star Wars, resalta el increíble poder del pensamiento y la imaginación para crear mundos sin límites.

Quiero que consideres un mundo sin límites. Imagina autos voladores y abraza la idea de que todas las realidades están al alcance. Imagina acceder a cualquier imagen desde las profundidades fantásticas de los libros, sumérgete en la madriguera del conejo. Estas pueden parecer fantasías, pero también lo eran los comunicadores en Star Trek. Sin embargo, esto ahora se ha convertido en realidad con los teléfonos moviles. La fantasía se convirtió en realidad.

Abraza la idea de que lo que realmente amas en tu vida está al alcance en este mismo momento. Por supuesto, debes mantener tu sentido común; la gravedad todavía existe. Si saltas por una ventana, no vas a volar como Superman.

Lo que te estoy diciendo es que tu pensamiento ha sido moldeado por la programación social desde la infancia. Reconocer esto te hará consciente de dónde vienen tus pensamientos, permitiéndote filtrar y alterar aquellos que te frenan.

Has estado confinado en un mundo que predicaba "no puedes". Te quedaste ahí, pero ya no necesitas quedarte más tiempo. Una vez que comprendas, tienes poder. Es hora de liberarte de la matriz y liberarte de la influencia de las opiniones de otras personas sobre lo que es posible.

Liberarte puede parecer desalentador, especialmente cuando esta ha sido tu única realidad. ¿Cómo lo haces?

¿Cómo puedes liberarte cuando este es el único mundo que has conocido? Solo recuerda, ¡el mundo que estás tratando de cambiar es tuyo!

Es tu mundo.

Con esta información, estoy creando una imagen vívida en tu mente. Como el auto volador. Necesitas entender: no hay límites. Ninguna. Puedes llegar tan lejos como quieras. Con el poder de tu mente e imaginación, puedes atravesar galaxias, al igual que los Jedis en Star Wars, explorando nuevos mundos.

Tú también puedes explorar nuevos mundos, y pueden volverse reales gracias al poder de tus pensamientos.

En tu búsqueda por huir del Imperio, descubres que el Imperio contraataca. Busca implacablemente eliminar el verdadero tú. Es una batalla interminable entre el bien y el mal, entre fuerzas positivas y negativas, y tú eres una parte integral en esta lucha.

Es importante reconocer que mantener una mentalidad consistentemente positiva puede no ser siempre factible. Y está bien. Lo que importa es que entiendas que cualquier cosa en la que pienses constantemente está creando tu realidad a tu alrededor.

Los autos voladores pueden existir solo en el reino de nuestra imaginación, pero si suficientes personas los imaginan colectivamente, pronto todos podríamos estar volando. Ocurrirá con el tiempo.

Entonces, ¿dónde nos deja eso? Tenemos una limitación, pero también tenemos la capacidad de enfocarnos en las posibilidades infinitas.

Elige enfocarte en la noción de que todo es posible. "Puedo existir." Porque "puedo" realmente existe.

Dite a ti mismo: "No voy a creerles. Voy a creer en mí mismo. Voy a crear mi propia realidad."

Dite a ti mismo: "Voy a dejar de hablar de todas las razones por las que no puedo. Solo hablaré de las razones por las que puedo, ¡y mejor aún, ¡ya lo he hecho!"

Comprende que la energía no se crea ni se destruye, y todo lo que existe ya está aquí. Ya está hecho. Cualquier idea nueva que tengas ya ha existido en el universo infinito de ideas. Pero cuando se trata de ti, puede materializarse en tu mundo real. Cómo y cuándo llega a existir depende de las limitaciones que te impongas a ti mismo. Deshazte de tus propias limitaciones para dar espacio a la creación de lo que imaginas.

Capítulo 3 Preguntas de Estudio

1. ¿Qué crees que te está frenando del éxito? ¿De dónde proviene esa creencia?

_____

_____

_____

_____

_____

_____

_____

_____

_____

2. A partir de tu respuesta en la pregunta #1, ¿por qué permites que esta creencia controle tu capacidad para tener éxito? ¿Qué puedes hacer para cambiarla?

_____

_____

_____

_____

_____

_____

_____

_____

_____

3. Imagina la vida que te encantaría vivir. Describe esa vida perfecta en detalle completo.

_____

_____

_____

_____

_____

_____

_____

_____

_____

4. Describe cómo tus emociones elevadas pueden ayudarte a alcanzar tu objetivo. Piensa en las emociones que tienes en tu vida perfecta.

_____

_____

_____

_____

_____

_____

_____

_____

_____

Capítulo 4

DILO DE NUEVO: "¡YO PUEDO!"

Dilo: "¡Yo puedo!"

Dilo de nuevo, "¡Puedo existir! ¡Puedo hacer esto! ¡Puedo crear lo que quiera!" Cuanto más afirmes "¡Puedo!", más vas a cambiar el mundo exterior.

Cuando dices "¡Puedo!", es posible que quieras escribir los detalles. ¿Por qué puedes hacer esto? Porque todo es posible. Porque nada se crea ni se destruye; todo lo que deseas ya está aquí. Porque:

- "Tengo facultades superiores."
- "Tengo mi imaginación."
- "Tengo concentración; mi voluntad."
- "Puedo enfocarme en mi imaginación."

- "Puedo enfocarme en la imagen de lo que realmente amo."

"Puedo usar mis habilidades dadas por Dios para acceder a otra dimensión de éxito. Puedo mostrarles que 'puedo' y que 'lo hice', y que este soy yo ahora. Esto es lo que estoy creando, y verán los frutos. Verán la cosecha.

Entonces, ¡di, "¡Puedo! ¡Puedo! ¡Puedo!"

Cuando miro a mi alrededor, veo lo que parece ser un mundo real. Pero lo describiría así: nada es real.

La realidad está moldeada por tu percepción y sistema de creencias. Wallace Wattles, en "La Ciencia de Hacerse Rico", habla sobre una 'sustancia pensante' que llena todo, de la cual todas las cosas están hechas. Un pensamiento impreso en esta sustancia manifiesta la cosa imaginada. Esta sustancia pensante abarca todo el espacio y el tiempo, con frecuencia referido como el eterno AHORA.

Cuando observas el mundo a través de tu vista, una de las facultades físicas más bajas, puedes ver un bolígrafo o una hoja de papel. Pero ¿es realmente un bolígrafo? ¿Es genuinamente una hoja de papel?

Examinarlo a través de tus facultades intelectuales superiores revela que está hecho de muchas cosas diferentes. El papel está compuesto de diminutas fibras de celulosa, que están hechas de moléculas, a su vez construidas de átomos como carbono, hidrógeno y oxígeno. Estos átomos consisten en partículas subatómicas, como electrones y protones, cada una vibrando a su propia frecuencia e intercambiando información con otras partículas. Están en constante comunicación.

Sin embargo, es posible que no seas consciente de estos intrincados niveles de vibración a menos que involucres tus facultades intelectuales superiores como la intuición, la imaginación y la razón. Reconoce que existen leyes que aplicas en tu vida diaria en el llamado mundo real, y hay otras leyes que a menudo quedan sin utilizar.

Este capitulo se centra en describir las leyes ocultas que a menudo, son pasadas por alto, permitiéndote entender cuáles son. Mientras compartes experiencias sensoriales como ver, oler, saborear, oír y tocar, así también lo hace un perro.

Sin embargo, no naciste con las limitaciones de un perro. También posees la razón, la voluntad, la imaginación, la intuición, la memoria, la percepción y una autoimagen. Estas facultades intelectuales son mucho más avanzadas que las de los animales, lo que te permite entender quién eres. Comprendes el concepto de "YO SOY", algo ajeno a un perro.

Ahora, mientras navegamos por este capítulo, es esencial mantenerse comprometido, incluso si las cosas parecen confusas. Numerosas leyes rigen el mundo natural, conocidas como leyes físicas o científicas.

Al mismo tiempo, existen otras leyes que controlan no solo el reino físico, sino también el mundo invisible o espiritual, tales como:

- las leyes que controlan el proceso de creación
- la ley de transmutación o cambio de energía
- la ley de vibración
- la ley del ritmo
- la ley de causa y efecto
- ¡y muchas más!

Exploraremos estas leyes y más en el próximo libro, pero quiero que entiendas que lo que percibimos como real es real en un sentido, pero al mismo tiempo, no es real en el mismo nivel.

Para convertirte en millonario o multimillonario, debes adoptar la mentalidad de uno. Imagínate en ese rol, afirmando: "¡Puedo hacerlo! ¡Puedo hacerlo!" y erradicando la noción de que el "no puedo" existe.

La realidad, en un sentido, surge de tu pensamiento.

Recuerda: el 'material del pensamiento' forma la base de todas las cosas, y los pensamientos impresos en esta sustancia crean la cosa imaginada por el pensamiento.

Tú estás en el centro de este proceso creativo, eres el conductor del vehículo. Tus pensamientos moldean cosas tangibles a partir de la energía invisible del pensamiento. Aunque este material del pensamiento permanezca invisible, tu percepción da forma a lo que consideras real.

Entrar en diferentes paisajes mentales, similar a películas como Alicia en el País de las Maravillas o Matrix, revela que lo que parece real en un nivel puede no tener la misma verdad en otro. El mundo que te rodea no es inherentemente real; se vuelve real a través de tu creencia en su realidad.

Observamos a personas llenando sus autos de gasolina, preguntando sobre las preocupaciones por los precios del gas y las colas en las gasolineras. La realidad que experimentan es una que han creado colectivamente. Al ver a otros usar gasolina para sus vehículos, se encuentran necesitándola para conducir. ¿Realmente necesitamos gasolina para impulsar un vehículo?

Estas son las preguntas que deberías hacerte sobre lo que es realmente necesario en tu mundo. ¿Necesitas seguir un camino convencional hacia la riqueza? ¿Necesitas permanecer donde estás en este momento? El concepto de riqueza se forma en tu mente.

"No puedes pintar la cocina pintando el exterior de la casa."

Como mi mentor, Bob Proctor, a menudo enfatizaba: para pintar la cocina, debes comenzar con la cocina antes de pasar a otras habitaciones. Del mismo modo, analizar tu vida desde adentro, comprender tu estado actual, es el punto de partida para crear tu realidad.

El material del pensamiento, como se mencionó, gana poder a través de la repetición. Al enfocarte consistentemente en las cosas que deseas, envías pensamientos potentes a tu mente subconsciente. A partir de ahí, tu mente subconsciente da forma a la realidad que contemplas la mayor parte del tiempo.

Deja de depender únicamente de las facultades físicas inferiores: la vista, el olfato, el gusto, el oído y el tacto. Si solo usas tus facultades inferiores, solo obtendrás los mismos resultados. Cuando permites que el mundo exterior dicte tus pensamientos, perpetúas los mismos resultados. Como pregunta Wallace Wattles en La Ciencia de Hacerse Rico, "¿Qué es real?"

En este viaje de la vida, eres un ser espiritual teniendo una experiencia humana, con el objetivo de entender qué es real. Aprendiendo de las lecciones de la vida, luchando por ascender desde abajo hasta arriba. Pero para hacer eso, debes saber cómo se ve la cima. Visualiza el resultado final en tu vida y, lo que es más importante, sumérgete en las emociones de ya ser esa persona, porque eso es lo que dará forma a tu realidad.

Según William James, el primer profesor de psicología estadounidense, un individuo tiene alrededor de 40 a 60 mil pensamientos por día, pensamientos sobre lo que quieren y lo que no quieren. Este hecho es crucial recordarlo.

Recuerda la ley de la polaridad, que coexiste con la ley de transmutación de energía (o la ley de vibración y atracción). Los pensamientos positivos y negativos operan bajo la ley de la polaridad. A lo largo del día, estos 60,000 pensamientos, gobernados por las leyes, influyen en tus resultados. Sin embargo, al observar tu vida a través de tu vista y definir tu mundo basado en tus sentidos físicos, perpetúas la misma vida que ya has estado viviendo.

Toma el mando de esos 60,000 pensamientos usando tus facultades superiores, mediante el ejercicio de tu voluntad. Esto te permite imprimir una imagen poderosa en tu mente subconsciente, creando la realidad del mundo que te encantaría ver.

Deja de mirar la realidad que deseas evitar. Acepta lo que realmente es real. Detente a pensar. Intenta meditar en un lugar tranquilo dentro de tu casa. Esta práctica te ayudará a controlar y enfocar tus pensamientos, y esto te ayudará a crear tu nuevo mundo.

Admiro a Thomas Edison. Solía tomar siestas durante el día, ingresando a un mundo de ensueño donde visualizaba nuevas soluciones y cosas que quería ver. Afirmaba haber pasado por 10,000 fracasos antes de eventualmente tener éxito en la creación de la bombilla incandescente. Durante una de estas siestas, concibió la idea de enviar el sonido como una frecuencia. Esto llevó a la invención del fonógrafo.

En el ámbito del pensamiento, nuestra realidad opera en diferentes canales, cada uno representando una frecuencia única. Tu atención determina el canal o realidad en la que habitas. En medio de miles de millones de otros canales, diferentes frecuencias dictan realidades o dimensiones diferentes. Hay numerosos canales.

Concéntrate en la frecuencia del pensamiento alineado con lo que realmente amas, el Canal especial para ti, y envía esa imagen a tu mente subconsciente, la parte de ti que controla tu vibración. Al concentrarte en este pensamiento, puedes comenzar a crear tu propia realidad.

Deja de obsesionarte con la realidad de tu pasado. Deja de permitir que controle la forma en que piensas. Nos ocupamos del ahora, del resultado final. Adopta la técnica del actor, la de asumir un nuevo papel. Toma el enfoque de actuación de Marlon Brando: asume el papel del nuevo TÚ.

Debes desempeñar el papel principal en tu vida.

¿Realmente existe en tu propia mente? ¿Realmente estar en la quiebra existe en la representación mental de tu nueva vida perfecta? O, ¿Estás progresando hacia un capítulo marcado por un salto cuántico en tus ingresos?

Capítulo 3 Preguntas de Estudio

1. ¡Todo es posible! Sin limitarte, escribe cuatro afirmaciones de "¡Puedo!" que describan lo increíble que eres.

_____

_____

_____

_____

_____

_____

_____

2. ¿Qué hace tu mundo real? Enumera algunas de las percepciones o creencias que han creado el mundo en el que vives ahora.

_____

_____

_____

_____

_____

_____

_____

_____

3. ¿Cuánto dinero quieres ganar? ¿Para qué fecha quieres
    ganarlo? ¿Qué harás para lograrlo? Escribe todo.

    _____

    _____

    _____

    _____

    _____

    _____

    _____

    _____

    _____

4. Ve a un lugar tranquilo en tu casa. Siéntate en una
    silla. Cierra los ojos y respira profundamente. Ahora,
    imagina que tienes el dinero que deseas. Imagina tu
    vida en detalle durante 10 minutos. Luego, escribe las
    palabras que describen las maravillosas emociones que
    sientes.

    _____

    _____

    _____

    _____

    _____

    _____

    _____

    _____

Capítulo 5

EL MUNDO EXTERIOR

E l mundo exterior es el que te dice "no se puede". Insiste, "No puedes hacerlo. No hay forma de lograrlo. Nadie lo ha hecho antes".

A lo largo de la historia del deporte, no se había conocido a ninguna persona que pudiera correr una milla en menos de cuatro minutos. Sin embargo, en 1954, un atleta universitario destrozó esta percepción de "barrera" que nadie pensaba que se podría romper. Roger Bannister, impulsado por una creencia inquebrantable en su habilidad, se enfocó implacablemente en este objetivo aparentemente imposible. A pesar del escepticismo de expertos que afirmaban que no se podía hacer, Roger persistió. No solo rompió la barrera, sino que también abrió el camino para que más corredores se dieran cuenta de que ellos también podían lograrlo. Asombrosamente, el récord de Roger fue roto después de apenas dos meses. Hoy, más de 1700 individuos, con edades que van desde los 17 hasta más de 40 años, han conquistado la milla en menos de cuatro minutos. Lo que una vez fue concebible solo para Roger se convirtió en una realidad para innumerables otros.

De repente, hubo un aumento de corredores que lograron millas en menos de cuatro minutos, como si alguien hubiera abierto una compuerta demostrando que los expertos estaban equivocados. Romper tales barreras tiene un efecto profundo, no solo en el ámbito físico sino también en los ámbitos de la mente y la realidad. Para los rompedores de barreras, esto es lo que sucede: la creación de algo en la mente crea realidad en el mundo real.

Hay dos tipos de creación. El primero es la creación sintética, donde cosas que ya existen se combinan ingeniosamente de formas novedosas.

Luego está la verdadera creación.

La verdadera creación ocurre cuando traes algo a la existencia desde la nada, dando ejemplo a otros de que es posible. La creencia de que algo no es posible, por cualquier número de razones, constituye tu paradigma. Aquellos que consideraban la milla en cuatro minutos como una barrera insuperable tenían un paradigma que hacía imposible concebirlo como alcanzable. La frase "no puedo" encapsula este paradigma limitante.

Para romper cualquier paradigma, debes ser el pionero, ya sea en tu familia, en tu ciudad o a escala global. Considera a Steve Jobs, quien fue un pionero en el mundo de los teléfonos inteligentes. Pensó: "¡Puedo!" Se dedicó a la tarea, demostrando que se podía lograr. Una vez que Jobs tuvo éxito, otros siguieron su ejemplo, creando otras versiones de teléfonos inteligentes.

Y mucho antes que Steve Jobs estaba Thomas Edison. ¡Él pensó "¡Puedo!" Mostró que la luz incandescente era posible después de fallar 10,000 veces. Sabía que era posible. ¿Por qué? Porque lo pensó.

Edison y Nikola Tesla colaboraron cuando Tesla trabajaba para Edison. Juntos, se propusieron idear el generador de energía eléctrica más eficiente. Surgió una discrepancia sobre corriente alterna (la preferencia de Tesla) versus corriente continua (la elección de Edison). El enfoque de Tesla resultó ser el correcto, lo que llevó a la prevalencia de la corriente alterna hoy en día. A pesar del triunfo de Tesla, Edison, un prolífico inventor con más de 400 creaciones, incluidos el tocadiscos y la cámara de cine, obtuvo más fama por sus contribuciones.

La popularidad de Nikola Tesla todavía es bastante alta, evidenciada por el nombre del automóvil eléctrico más admirado. Sin embargo, plantea una pregunta intrigante: ¿realmente necesitamos electricidad para alimentar un vehículo, o podrían potencialmente navegar a través del éter no visible?

Recuerda que si una persona puede lograr algo, significa que cualquiera tiene el potencial para hacerlo. La diferencia entre tú y todos los demás es que posees un nuevo entendimiento: ¡la actitud de "Puedo!" Esta mentalidad es también lo que muchas personas religiosas llaman fe. Fe de que "¡Soy capaz!" No se trata solo de tus capacidades, sino de reconocer que, como hijo de la inteligencia infinita, estás conectado a posibilidades ilimitadas.

Lo que quiero decir es que el mundo que nos rodea es muy parecido a como lo describe Wallace Wattles: "Hay una sustancia pensante de la cual todas las cosas están hechas. Un pensamiento impreso en esta sustancia produce la cosa que es imaginada por el pensamiento..." ¿Cual pensamiento? El tuyo.

Tus pensamientos dan forma a algo desde la nada, emergiendo de lo infinito, del campo cuántico y de la energía ilimitada. Eliges solo una idea de esos 60,000 pensamientos, y esa sola idea tiene el poder de cambiar tu mundo exterior.

¿Por qué? Porque "no puedo" no existe. Es solo una cuestión de tu creencia, tu comprensión en evolución y las leyes universales.

Entiende que el hombre no escribió estas leyes.

Estas leyes están por encima del hombre.

¿Cuáles son las leyes? Hay muchas que son válidas tanto en el mundo físico como en el invisible. La ley de la transmutación de la energía, la ley de la vibración, la ley del ritmo, la ley de causa y efecto, la ley de la polaridad y finalmente, la séptima ley: la ley del género. Wallace Wattles habla sobre estas leyes.

Pero también tienes las facultades superiores:

- **Imaginación:** donde las cosas son creadas solo por el pensamiento.

- **Tu voluntad:** tu capacidad para concentrarte o enfocarte en solo uno de esos 60 mil pensamientos.

- **Razonamiento:** determinar relaciones entre ideas.

- **Intuición:** el sexto sentido, cuando simplemente sabes que es verdad.

- **Memoria:** aprender de las lecciones del pasado.

- **Percepción:** cómo ves las cosas en cualquier nivel.

Con la intuición, experimentas una corazonada, un sentimiento interno de que 'esto es lo correcto'. Recuerda cómo Thomas Edison enfrentó desafíos en la creación de la bombilla incandescente. La idea le vino de repente a través de la intuición. Es por eso que, en los dibujos animados, por ejemplo, a menudo vemos bombillas sobre la cabeza de alguien cuando tienen una gran idea.

¿Cómo lo hizo Edison? Tomando siestas durante el día, permitió que los pensamientos llegaran a él. A través de este método, descubrió una forma de evitar la combustión del pequeño hilo de metal dentro de la bombilla, el mundo exterior existe porque permites que exista. Para controlar las circunstancias y dar forma a tu mundo exterior, debes cambiar la forma en la que piensas.

Una vez que comiences a cambiar tu forma de pensar, todo en el mundo exterior cambiará junto con ella.

Vas a empezar a escribir números más grandes en tu palma. Recuerda que ese es tu objetivo.

Para visualizar mejor el número más grande, considera usar una tarjeta índice. Escribe el número y guarda la tarjeta en tu bolsillo, lo que te permitirá sentirlo y sacarlo para revisarlo durante el día. Dirige tu atención hacia él. También puedes crear una tarjeta de objetivo que diga algo como: "Estoy tan feliz y agradecido ahora que estoy ganando [una cantidad definitiva de dinero] en el área que elegí dedicándome a [lo que estás haciendo para ayudar a otros]." Firma y fecha la tarjeta de objetivo para un compromiso añadido.

Cree que tu plan se manifestará porque lo mereces, y ciertamente lo hará, guiado por la ley del género. Según esta ley, cualquier semilla plantada inevitablemente brotará y crecerá en una copia de la misma planta que produjo la semilla.

La ley del género se asemeja al período de incubación de nueve meses para una mujer que tiene un hijo. De manera similar, por cada semilla de pensamiento que siembras, la estás plantando en tu mente subconsciente. Es como plantar una semilla de maíz en el suelo.

Entiendes que alcanzar tus metas llevará cierta cantidad de tiempo y requerirá mucha fe, coraje y creencia. Sin embargo, una vez más, la ley del género establece que sucederá. Así como sabemos que el período de gestación para las mujeres que tienen un hijo es de 9 meses, y para las plantas como zanahorias, maíz o patatas, son unos días o semanas antes de que broten. Sin embargo, no tenemos un cronograma fijo para la semilla espiritual. El tiempo que lleva que una semilla espiritual brote puede variar: un día, o incluso hasta 10 años. Todo depende de tu confianza en la ley y tu alegría al ver que el dinero llega. En mi caso, tomó alrededor de dos años. Para ti, podría ser tres. Todo depende de la profundidad de tu creencia y hasta dónde estés dispuesto a llegar.

Estos fueron solo un breve resumen de las leyes universales y las facultades dadas por Dios otorgadas a ti y a todas las demás personas en la Tierra. Ahora, el viaje está en tus manos.

Capítulo 5 Preguntas de Estudio

1. Tu objetivo principal en la vida debería ser algo que sientas que es imposible. ¿Crees que tu objetivo es imposible? Explica por qué.

_____

_____

_____

_____

_____

_____

_____

_____

2. ¿Cuál es la diferencia entre la creación sintética y la verdadera creación? ¿De dónde proviene la verdadera creación?

_____

_____

_____

_____

_____

_____

_____

_____

_____

3. ¿Cómo se describe la Fe en este capítulo? ¿Cómo crees
    que la Fe está relacionada con la noción de "¡Yo Puedo!"?

    _____

    _____

    _____

    _____

    _____

    _____

    _____

    _____

4. Escribe tu Tarjeta de Objetivos como el ejemplo del
    capítulo. Comienza con "Estoy tan feliz...". Escribe en
    tiempo presente y ponle fecha.

    _____

    _____

    _____

    _____

    _____

    _____

    _____

    _____

Capítulo 6

AFIRMACIONES

Una afirmación es una declaración positiva que reconoce la alegría de alcanzar un objetivo. No solo puede ser una afirmación positiva sobre cómo puedes alcanzar tu objetivo, sino también porque mereces tu objetivo y cómo puedes ayudar a otros alcanzándolo.

Otro paso crucial es repetir la misma afirmación una y otra vez y otra vez. Lo repito antes de dormir, y lo repito cuando me despierto. Con la repetición, la mente subconsciente se convierte en una ventana de oportunidad a través de la cual puedes enviar la señal de la imagen de tu objetivo hacia la inteligencia infinita.

Al igual que en el Capítulo Uno de "Piense y hágase rico" de Napoleon Hill. Este es tu verdadero deseo, lo que realmente amas. Repetir afirmaciones con emociones envía una poderosa energía a tu mente subconsciente.

Recuerda la afirmación que mencioné en el capítulo anterior:

"Estoy tan feliz y agradecido ahora, porque el dinero viene a mí en cantidades crecientes a través de múltiples fuentes de manera continua. Estoy tan feliz y agradecido ahora, porque el dinero viene a mí en cantidades crecientes a través de múltiples fuentes de manera continua."

Podrías considerar decir esto 1000 veces a lo largo del día porque, mientras lo dices, estás construyendo una imagen mental clara y poderosa. Esta práctica transforma tus pensamientos en realidad enfatizando la importancia de construir una imagen que crezca, similar a la visión de una moneda de un centavo, luego un níquel, seguido de un cuarto, medio dólar y finalmente un dólar completo.

A medida que amplías tu imagen mental, refleja la vastedad del universo en expansión. Es similar a la rotación de una estrella y la alineación de todos los planetas.

La presencia de planetas es una consecuencia de lo que conocemos como gravedad, un concepto que Isaac Newton descubrió al observar una manzana. Colocado debajo de un árbol, se dio cuenta de que tanto la manzana como objetos mucho más pesados caen a la misma velocidad, un fenómeno gobernado por la ley de la gravedad. La gravedad es lo que nos mantiene enraizados.

¿Cómo podemos aprovechar la gravedad a nuestro favor para atraer las cosas que deseamos? Esa es la pregunta que tenemos ante nosotros. ¿Juegan las afirmaciones un papel? ¿Podemos simplemente decirnos a nosotros mismos:

"Estoy tan feliz y agradecido ahora que mi objetivo de tener o hacer llegará para esta fecha, firmado por mí"? Rellena los espacios en blanco con tus propias aspiraciones y plazos.

Si bien todos tienen un objetivo y una fecha límite, el 99% podría nunca considerar anotar sus objetivos, una práctica fácil que la mayor parte del tiempo se pasa por alto. Puedo dar fe de esto por experiencia personal, al haberlo visto suceder dos veces, una vez con un objetivo de $1.7 millones. Después, en 2021, sucedió una vez más mientras estaba en un Starbucks en Austria, esta vez con $120 millones.

Lamentablemente, no lo escribí. Las leyes, parece, funcionan igual para todos, o podrías argumentar que las leyes no funcionan si no las sigues, dependiendo de tu perspectiva.

Inicialmente escribí el objetivo de $50 millones en mi cuaderno, declarando mi intención de hacer esa cantidad en criptomonedas a través de una moneda llamada hex. Superando las expectativas, en realidad gané $120 millones, más del doble de mi objetivo inicial.

Puedes emplear el mismo enfoque en cualquier área o para cualquier objetivo que estés persiguiendo. Simplemente encontré un área que necesitaba cambio. La continua impresión de dinero por parte del gobierno inevitablemente conducirá al colapso del dólar. Estamos al borde de un cambio hacia las monedas digitales, ya sean criptomonedas respaldadas por el gobierno o un sistema de intercambio que te otorga control sobre tus propias finanzas.

Cuando ocurra esa transformación, ya no dependeremos de los bancos, al igual que los teléfonos inteligentes han reemplazado a las cámaras junto con varios otros dispositivos como calculadoras y cronómetros.

Estamos entrando en otra dimensión, otro mundo.

Sin embargo, el concepto crucial enfatizado en este libro, "No puedo" no existe, es la ley de polaridad. Si bien "No puedo" puede existir, es en el sentido de que estás creando tu propia realidad. La ley está perpetuamente en movimiento, ya sea que lo reconozcas conscientemente o no.

Mi realidad estaba establecida para vivir de los intereses de mis criptomonedas. Tu realidad podría implicar abrir una línea de ropa, seguir una carrera como cantante o actor, o cualquier otro sueño que imagines.

Sea lo que sea que desees en el mundo de tus sueños, se expandirá siempre y cuando sigas afirmándolo: "Esto es lo que voy a hacer". Me ha pasado dos veces, y podría pasarte a ti. Recuerda, es fácil pasar por alto esta práctica. Escribe lo que quieres sin preocuparte por cómo va a suceder.

Concéntrate en el qué, cuándo, por qué y dónde quieres alcanzar tu objetivo. No necesitas saber cómo. Solo necesitas saber por qué quieres esto, cuándo lo quieres tener y una idea sobre dónde va a suceder. De nuevo, no necesitas saber cómo.

Ten cuidado con las afirmaciones negativas como "No sirvo para nada", ya que esto se convertirá en tu realidad. O declaraciones como "Voy a perderlo todo", lo que establece un cierto camino para perder todo lo que tienes. Otras afirmaciones negativas incluyen:

- Soy un idiota.
- Estoy teniendo problemas en la escuela con mis tareas.
- Mi mamá dijo que nunca llegaría a nada.

Echa un vistazo a esta historia: Thomas Edison fue expulsado de la escuela unas pocas semanas después de comenzar el tercer grado. El director envió una carta a su madre, diciendo que Tom era demasiado tonto para la escuela. Sin embargo, su madre lo interpretó de manera diferente, diciéndole que ya no podía ir a la escuela con los otros chicos porque era demasiado inteligente. Gracias a este mensaje repetido, Edison creció creyendo en su genialidad. Esa creencia jugó un papel fundamental, y llegó a ser un inventor legendario.

Todo porque creyó en la idea de que era un genio.

Todo lo que te dices a ti mismo está destinado a regresar, como un búmeran. Puede que no vuelva de inmediato, pero eventualmente lo hará. Toma a mi amigo, como ejemplo, cuando dijo: "Quiero comprar un auto". El querer perpetuo persiste. En su lugar, prueba afirmando: "¡Tengo un auto!"

Hay una clara distinción entre querer y tener. Querer te coloca en un estado de necesidad, mientras que tener te sitúa en un estado de "Ya está logrado".

Así que, recuerda, "No puedo" no existe.

Es "No puedo" porque todo coexiste: tanto "No puedo" como "Puedo". ¿Recuerdas la ley de la polaridad? Dios separó todo.

El hombre y la mujer, por ejemplo. Los opuestos abundan en nuestro mundo: caliente y frío, arriba y abajo, luz y oscuridad, mojado y seco, crudo y cocido. La lista continúa.

Vivimos en un mundo definido por los opuestos. Estos opuestos nos proporcionan puntos de referencia, permitiéndonos evaluar nuestra posición comparando y situándonos entre extremos o polos. Sin embargo, cuando se trata de "No puedo" y "Puedo", no hay polaridad. Es un escenario de todo o nada, al igual que estar en Tahití o no estar en Tahití.

Cuando afirmas tu objetivo, comprométete por completo, y el éxito se vuelve inevitable, por ley.

Capítulo 6 Preguntas de estudio

1. ¿Qué es una afirmación? ¿Qué necesitas hacer para que tu afirmación pueda tener un efecto positivo en tu pensamiento?

_____

_____

_____

_____

_____

_____

_____

_____

_____

2. ¿Cuántas veces al día debes repetir tu afirmación? Escribe el número de veces que prometes repetir la tuya.

_____

_____

_____

_____

_____

_____

_____

_____

_____

3. ¿Qué cuatro cosas necesitas saber para alcanzar tu objetivo, además de cómo escribir tu tarjeta de objetivo?

_____

_____

_____

_____

_____

_____

_____

_____

_____

4. ¿Qué significa esto: "No hay polaridad entre 'No puedo' y 'Puedo'"? ¿Qué afirmación eliges para alcanzar tu objetivo?

_____

_____

_____

_____

_____

_____

_____

_____

_____

Capítulo 7

"LO QUE VES"

L o que ves es lo que obtienes.

Sin embargo, hay una diferencia entre ver con tus ojos y ver con tu mente. Dos mundos coexisten: el externo y el interno. Recuerda: cada capítulo en este libro se basa en el anterior, con el objetivo de mejorar tu comprensión. La repetición es clave para la claridad, y a lo largo de los años de enseñanza y mentoría, me he vuelto muy bueno explicando.

Lo que ves y comprendes es:

- quién eres
- en qué piensas
- todo lo que crea tu realidad

Entonces, ¿qué ves ahora? Este es tu momento. Aquí tienes una lección para ti:

Escribe lo que ves.

Toma una hoja en blanco y registra tus observaciones. Si hay algo que no te gusta, está bien. Escríbelo. Está bien escribirlo ahora, porque vamos a crear dos papeles: uno con todo lo que no te gusta y otro con todo lo que te gusta.

Lo que estamos hablando aquí tiene que ver con la hipnosis. Napoleon Hill se refería a este proceso hipnótico como "Autosugestión". ¿De dónde se originó la hipnosis?

El término que usamos hoy, hipnosis, una vez se conocía como mesmerismo. ¿De dónde proviene? Las raíces del mesmerismo pueden rastrearse hasta Franz Mesmer en 1750. El mesmerismo, o como él lo llamaba, "magnetismo animal", es cuando hipnotizas a alguien.

Algunas prácticas de hipnosis inducen un estado hipnótico donde las personas experimentan sanación. En este estado subconsciente e hipnótico, la mente subconsciente se vuelve completamente abierta. Tales prácticas se alinean con lo que los psicólogos podrían emplear en sesiones de terapia.

Pero tú puedes hacer esto por ti mismo. Si tu objetivo es hipnotizarte a ti mismo usando estos métodos, tu objetivo es adentrarte en tus propios pensamientos, examinar lo que ves en tu mente y cambiar activamente lo que ves si no te está sirviendo. Esto incluye abordar pensamientos negativos, creencias limitantes sobre ti mismo o el sentimiento de ser una víctima impotente.

Escribe todo lo que no te gusta de ti mismo, tus creencias limitantes, como:

- Soy un perdedor.
- No valgo nada.
- No puedo hacerlo.
- No puedo comprar un coche.
- No puedo comprar una casa.
- No puedo conseguir un trabajo.
- No puedo, no puedo, no puedo...

Toma un tiempo para escribir una página completa de creencias limitantes sobre ti mismo. Después de esto, toma una hoja de papel nueva. Por cada declaración negativa que escribiste en la hoja inicial, contrarresta creándola con una afirmación opuesta, articulando las razones por las cuales puedes lograrlo. Estas son tus declaraciones de "¡Yo puedo!". Esas declaraciones podrían ser:

- Puedo comprar una casa.
- Puedo comprar un auto.
- Puedo tener una relación.
- Puedo viajar por el mundo.
- Puedo tener ingresos residuales.

- Puedo existir.
- El "Yo puedo" es real.
- Puedo ganar $1,000,000.
- Puedo jubilarme joven.
- Puedo viajar por el mundo.
- Puedo ir al gimnasio.
- Puedo correr una milla en menos de cinco minutos.
- ¡Puedo hacerlo!

Una vez que hayas terminado de escribir todas tus declaraciones de "¡Yo puedo!", quema la primera hoja que contiene las declaraciones negativas. Seguir este consejo de mi mentor ha demostrado ser efectivo para mí, ¡y puedo atestiguar que funciona!

Aunque reconociendo que algunas de las tareas que enumeras en tus afirmaciones pueden ser desafiantes, recuerda que con perseverancia y creencia en ti mismo, puedes superarlas. Al reemplazar las creencias limitantes con afirmaciones poderosas, estás remodelando tu mentalidad y abriendo el camino para un cambio positivo en tu vida.

Con determinación, puedes lograr esos objetivos. ¡Lo sé, porque yo lo hice!

Capítulo 7 Preguntas de estudio

1. "Lo que ves es lo que obtienes". Explica esta afirmación en términos de tu éxito al alcanzar tu objetivo.

_____

_____

_____

_____

_____

_____

_____

_____

_____

2. Este ejercicio tiene dos partes. Primero: escribe las cosas que ves en tu vida o situación actual que no te gustan.

_____

_____

_____

_____

_____

_____

_____

_____

_____

3. Segundo: ahora escribe las cosas que ves en tu vida que sí te gustan. Cuando termines, tacha la lista anterior.

_____

_____

_____

_____

_____

_____

_____

_____

_____

4. Toma dos hojas de papel y realiza el ejercicio de creencias positivas y negativas de este capítulo. Escribe cómo te sientes después de quemar la primera página.

_____

_____

_____

_____

_____

_____

_____

_____

_____

Capítulo 8

'EL 'NO PUEDO' SÍ EXISTE'

Podrías estar preguntando, "El título de este libro es 'El 'No Puedo' No Existe'. Entonces, ¿por qué decir ahora que sí existe?" Es una pregunta válida, ¡y la explicación está aquí si sigues leyendo!

Este capítulo promete ser bastante intrigante, ya que hablo abiertamente sobre aspectos personales de mi vida que es posible que no conozcas.

Mientras escribo este libro, me encuentro en mis 40 años, anticipando mi año 41. Recuerdo vívidamente tener 15 años, vagando por las calles de Chicago con amigos que no eran mis mejores influencias. Yo tampoco era mucho mejor, permitiendo que su mentalidad negativa moldeara la forma en la que pensaba. A cambio, obtuve malos resultados. No lo sabía en ese momento, pero esos resultados negativos estaban ocurriendo por ley; estaba enfocando mi atención en lugares negativos.

Luego sucedió algo terrible.

Uno de mis amigos fue asesinado en Chicago. Preocupados por mi seguridad, mis padres tomaron medidas. Me enviaron a Houston, Texas, para vivir con la familia de mi tío y continuar con mi educación. Temían que pudiera correr con la misma suerte que mi amigo si me quedaba en Chicago con la compañía equivocada.

Estos son los tipos de desafíos que la vida me presentó, moldeando a la persona que soy hoy.

Hubo muchas fallas que al final condujeron a mi éxito.

Ahora, volvamos a visitar las historias de Henry Ford y Thomas Edison.

Ambos visionarios encontraron miles de fracasos en sus trayectorias. La búsqueda implacable de innovación de Edison resultó en miles de fracasos antes de finalmente crear la bombilla incandescente. De manera similar, Henry Ford enfrentó numerosos contratiempos, pero perseveró a través de miles de fracasos, lo que finalmente resultó en el Modelo T de Ford y luego en el motor V8.

Estos grandes hombres enfrentaron críticas y resistencia porque sus ideas eran sin precedentes. Sin embargo, lograron revolucionar el mundo moderno.

Hoy en día, damos por sentada la presencia de electricidad en nuestros hogares, con la comodidad de entrar en una casa bien iluminada cuando está oscuro afuera. Y más allá de las paredes de nuestros hogares, el paisaje urbano también está iluminado por la noche.

Durante el tiempo en que recorría las calles de mi vecindario, pasé por muchos fracasos. Internamente, deseaba que fuera diferente, pero como solo era un niño, simplemente no sabía qué más hacer.

Incluso a medida que pasaban los años, encontrar al mentor adecuado, un verdadero líder, resultó ser un desafío. A veces, los mentores te fallan. En mis días más jóvenes, encontré a un ministro mal orientado que de hecho me llevó, pero por el camino equivocado. Aprendí a tener cuidado con quién seguir.

Eventualmente, regresé a Chicago desde Houston con la determinación de cambiar mi vida. Elegí no pasar demasiado tiempo con personas que participaban en fiestas en casa y bebiendo cuando era joven en ocasiones, pero mi enfoque estaba en buscar la verdad, una tarea tan difícil como encontrar una aguja en un pajar.

Sin embargo, sentía que había más por descubrir, algo que me faltaba.

En 2010 enfrenté lo que pensé que era otro fracaso cuando fui detenido por la policía por conducir ebrio. ¡Otro fracaso! Como dije, han habido muchos fracasos en mi camino.

Tenía que hacer algo diferente. Me mudé al sótano de mi madre y me sumergí en el desarrollo personal, leyendo Piense y hágase rico de Napoleon Hill y buscando en YouTube videos sobre el tema. Un descubrimiento memorable fue un viejo video de los años 80 con Bob Proctor, un joven blanco con un traje marrón y grandes gafas. Sus palabras resonaron en mí. Sentí que sabía que estaría ahí fuera en el futuro, buscando la verdad. Cada palabra que pronunciaba me hacía sentir que había encontrado a mi mentor.

Continué sumergiéndome en las conferencias de Bob Proctor y en las escrituras de Napoleon Hill. El punto de inflexión llegó cuando tuve la oportunidad de conocer a Bob Proctor en persona. Para entonces, ya estaba absorbido en el estudio de su libro, "Naciste Rico", y escuchaba sus seminarios diariamente. A medida que abrazaba las enseñanzas, aprendí a pensar y actuar con un objetivo claro en mente. Manteniendo un diario, escribía mis pensamientos y acciones. Había comenzado a crear la vida que quería.

Cuando miro hacia atrás en algunos de mis diarios más antiguos, antes de encontrar la información de Bob Proctor, toda mi escritura se centraba en las cosas que no quería. Todo era negativo. Por ejemplo, escribía: "Va a ser difícil para mí graduarme de la universidad.

Sin embargo, alimentado por el coraje y la fe, tomé la decisión de regresar a la escuela en 2008, antes del nacimiento de mi hijo. Hice una licenciatura en Finanzas y Gestión de Inversiones en Northwestern College, con aspiraciones de trabajar para JP Morgan o Goldman Sachs. Eventualmente, en 2010, conseguí un puesto en JP Morgan Chase.

Desafortunadamente, el arresto por conducir ebrio en 2010 alteró mi curso. Tuve que renunciar a mi trabajo debido a una sentencia que requería completar el entrenamiento básico del ejército.

Todas estas aparentes fallas resultaron ser una bendición. Me guiaron hacia Napoleon Hill, mi mentor, aunque ya hacía mucho tiempo que él había fallecido. Estudiar los principios de Napoleon Hill a través de las enseñanzas de Bob Proctor cambió la forma en la que pensaba y, como consecuencia, mi vida.

Tienes el potencial de hacer lo mismo a través de este libro, "No puedo" existe, pero depende de ti y de lo que elijas decir. Así como fue para mí. Las palabras que una vez escribí en mis primeros diarios, no me estaban sirviendo bien en la vida. Ahora mis diarios dicen:

- ¡Estoy tan feliz y agradecido ahora!
- Estoy saludable, soy feliz y soy rico.
- He ganado más de $140 millones.
- Estoy viajando por el mundo.
- Tengo una casa en la playa.

- Vivo en Europa y tengo una casa en Tulum.
- Viajo a los Estados Unidos cuando mi corazón lo desea.
- Tengo múltiples fuentes de ingresos.
- Tengo una esposa hermosa.
- Tengo una familia soñada.
- Amo a mi hijo.
- Tengo unos padres estupendos.
- Tengo buenas amistades.

Esta es la mentalidad que necesitas tener.

Comienza examinando tu pasado. ¿Dónde has enfocado tu atención: tus pensamientos, acciones y deseos? Este proceso te permitirá descubrir todas las formas en que has estado diciendo "No puedo" y te volverás más consciente de tus pensamientos. Puedes encontrar un nuevo camino, y este libro está diseñado para guiarte en el nuevo viaje. Te capacita para cambiar tu vida al visualizar la vida que realmente deseas y declarar con confianza:

"¡Yo puedo!"

Capítulo 8 Preguntas de estudio

1. Al igual que yo, escribe sobre el momento en tu vida
   cuando te diste cuenta de que debe haber otra manera
   de alcanzar el éxito.

   _____

   _____

   _____

   _____

   _____

   _____

   _____

   _____

   _____

2. ¿Quién es responsable del mundo en el que vives?
   ¿Qué PUEDES hacer al respecto para tener un cambio
   significativo?

   _____

   _____

   _____

   _____

   _____

   _____

   _____

   _____

   _____

3. Haz una lista de las cosas por las que estás agradecido en tu vida. Usa tu diario, para que puedas volver a leerlo de nuevo las veces que lo necesites.

_____

_____

_____

_____

_____

_____

_____

_____

4. Escribe una lista de tus razones para decir "No puedo". Luego escribe una versión positiva de esa lista comenzando con "¡Sí puedo!"

_____

_____

_____

_____

_____

_____

_____

_____

_____

Capítulo 9

SOÑAR

¡Tú puedes!

Esto se relaciona con nuestra discusión anterior sobre un aspecto crucial: tu imaginación.

Recuerda cómo hablé sobre las habilidades dadas por Dios, tus facultades superiores:

- Imaginación
- Voluntad
- Razón
- Intuición
- Memoria
- Percepción

Esta es tu caja de herramientas para crear el mundo de tus sueños. Esta caja de herramientas está equipada con todo lo que necesitas para tener éxito más allá de tus sueños más salvajes. El único obstáculo en tu camino eres tú mismo, así que atrévete a soñar que puedes.

La perspicacia de Genevieve Behrend resuena poderosamente. Ella dice que llevar estas realidades invisibles en armonía con tu concepción te permite transformar sueños aparentemente fantásticos en realidades prácticas.

Tu concepción es claramente tu pensamiento. Todas las cosas comienzan en la mente antes de convertirse en realidad física.

La clave radica en alinear estas causas invisibles con tu concepción. Al hacerlo, puedes transformar sueños fantásticos en realidades prácticas y funcionales.

La frase "realidades prácticas y funcionales" significa que coexisten múltiples realidades: el mundo de los sueños y el mundo real. La mente subconsciente no distingue entre los dos. Te da lo que enfocas tu atención, influenciado también por tus vibraciones predominantes.

Si tu objetivo deseado encuentra dificultades para materializarse, es porque no has encajado todas las piezas adecuadas, como resolver un rompecabezas.

Para eso es este libro.

Este libro sirve para ayudarte a entender que hay una conexión faltante entre tu mente consciente y subconsciente. Algo está obstaculizando la realización de tu fantasía, tu sueño.

Como sugiere Genevieve Behrend, se trata de transformar los sueños actuales en realidades prácticas y funcionales.

Quizás en este punto te sientes increíble, listo y emocionado para dar tu primer paso. La emoción de explorar el mundo podría estar en tu mente, ya sea el agua azul y arena blanca de la Riviera Maya, las encantadoras Bahamas o las místicas pirámides de Egipto, la grandeza del Coliseo de Roma, o quizás tachar los Siete Maravillas del Mundo.

Todo se vuelve posible a través de esta información porque, recuerda, la mente subconsciente no diferencia entre un centavo y $1,000,000. Es propensa a la sugerencia. Entonces, cuanto más enfoques tus pensamientos en lo que deseas, afirmando: "Puedo hacer esto", la mente subconsciente derribará el muro de ladrillo que está en tu camino y dirá: "Bien, adelante. Déjame darte lo que deseas porque has estado empujando ese muro durante mucho tiempo. Has superado tantos fracasos, así que sueña que puedes".

Como hemos dicho tanto Genevieve Behrend como yo, el mundo de los sueños es tan real como el mundo despierto. Coexisten. Un sueño lúcido tiene la misma realidad que las experiencias en esta dimensión despierta. Ese mundo de los sueños también es una dimensión en sí misma.

Hay frecuencias infinitas. Hay dimensiones infinitas. Hay lugares infinitos que puedes explorar.

¿Quieres dar un paseo en helicóptero? Bueno, aquí tienes una revelación: mientras lo lees en este libro, ya has surcado los cielos en tu imaginación. Puedes ir a donde quieras.

Quiero que elijas tu propio camino. Aunque tengo la capacidad de llevarte en diversos viajes, no tienes que seguirme, puedes ir a donde realmente quieras ir. Considera esto una lección: encuentra un espacio tranquilo, ya sea tu habitación u otro lugar tranquilo, y escribe:

- ¿Dónde estás ahora?
- ¿A dónde quieres ir? (sé específico y detallado)
- ¿Cómo te sientes ahora que has llegado a este lugar que has estado buscando?
- ¿Cómo te sientes ahora que lo has logrado?
- ¿Cómo te sientes ahora que acaban de desplegar la alfombra roja para ti?

Imagina esto: Estás en el lugar de tus sueños. Están diciendo tu nombre y tomando tu foto. Te están diciendo: "¡Oye!, ¿nos podrías dar tu autógrafo?"

"¿Por qué? ¿Por qué quieren mi autógrafo?"

"Porque tú creaste esto. Construiste una empresa que tuvo un impacto significativo y cambió la vida de las personas. ¡Sí, tú! Todo es gracias a ti. ¿Cómo te sientes? ¡Queremos hacerte preguntas!"

Y tú. Tienes silencio antes de hablar. Hay un momento de nerviosismo, pero luego lo sueltas todo, diciendo: "¡Me siento genial! Estoy tan feliz de haberlo logrado. Fue difícil al principio, ¿sabes? Enfrenté numerosos fracasos mientras intentaba construir mi empresa. Luché por encontrar a las personas adecuadas para el trabajo, pero luego conocí a esta otra persona, y de repente, 'no puedo' se transformó en 'puedo'. Porque la energía es inteligente, como la gravedad poniendo todo en su orden correcto. Esta energía se comunica con las personas, conversando con ellos en silencio, en el espacio. La persona no está consciente.

Nadie realmente está consciente de ello porque esta energía es algo invisible, como un aura.

En la década de 1930, un fotógrafo llamado Semyon Kirlian perfeccionó la fotografía Kirlian, una técnica que captura el aura que sale del cuerpo de alguien y se irradia. Es como un campo de energía.

Constantemente estamos atrayendo un aura mientras repelimos otra, transmitiendo señales como una estación de televisión. Recibes una señal y dejas ir otra señal.

¿Adivina qué? Esta energía se comunica con personas afines para ayudar a manifestar tus sueños.

Sueña con audacia y trae a estas personas a tu vida escribiendo tus objetivos. Escribe lo que quieres y mantente enfocado. Mejor aún, imagina cómo te sentirías una vez que lo hayas logrado, una vez que hayas alcanzado tus sueños. Crea una tarjeta de objetivo o un trozo de papel detallando todo lo que has logrado, comenzando desde el final, desde la perspectiva de haber alcanzado ya tu objetivo.

Piensa DESDE el sentimiento de haber logrado el objetivo en lugar de pensar EN el objetivo mismo.

Comienza no desde el ABCD sino desde la Z, trabajando hacia atrás en el tiempo hasta el presente AHORA. ¿Cómo te sientes sabiendo que lo has logrado?

Ahora, entra en meditación. Encuentra un espacio tranquilo y comienza a escribir todos esos sentimientos. ¡Describe lo increíble que te sientes!

Capítulo 9 Preguntas de estudio

1. Escribe cuatro de las facultades superiores en tu caja de herramientas. Desde tu propio entendimiento, explica cómo cada una puede ayudarte a tener éxito.

_____

_____

_____

_____

_____

_____

_____

_____

2. Describe lo que entendiste cuando Genevieve Behrend dijo: ¿Cómo pueden los pensamientos convertirse en una realidad práctica y funcional?

_____

_____

_____

_____

_____

_____

_____

_____

3. Tus pensamientos de éxito son tu declaración de meta. Escribe nuevamente tu declaración de meta, con detalles y emoción fuerte.

_____

_____

_____

_____

_____

_____

_____

_____

_____

4. Imagina que has alcanzado la vida de tus sueños. Escribe cómo reaccionan las personas a tu alrededor ante el nuevo y cambiado TÚ.

_____

_____

_____

_____

_____

_____

_____

_____

_____

Capítulo 10

LOS PARADIGMAS QUE
DESTRUYEN EL 'iSÍ PUEDO!'

Entonces, ¿qué son los paradigmas? Los paradigmas son hábitos de pensamiento. Son los pensamientos que has escuchado repetidamente desde la infancia, ya sea de tus padres, hermanos, amigos y/o maestros. Normalmente, son pensamientos de "No puedo", aunque ahora entendemos que "No puedo" realmente no existe.

Incluso si un pensamiento no es verdadero, escucharlo repetidamente puede hacer que creas que lo es, y se convierte en tu realidad. Si alguien te dice "No eres bueno en matemáticas", es posible que al principio no lo creas, pero con la repetición de diferentes fuentes, comienza a afectar tu percepción. Cuanto más lo escuchas de otros, más podrías empezar a creer "No soy bueno en matemáticas". Comienzas a interiorizar la idea, repitiéndola hasta que se convierte en tu creencia. Esto me sucedió a mí.

Hablemos de lo que experimenté a los 15 años. Ser hispano en Estados Unidos a menudo significa ser percibido simplemente como una estadística. Las expectativas eran bajas; se asumía que no usaría ropa bonita en la universidad o trabajaría para un banco. En cambio, se suponía que terminaría volteando hamburguesas en McDonald's o entregando leche para Starbucks, trabajos que eventualmente asumí. Trabajé en McDonald's, y luego en Circuit City antes de pasar a Starbucks para entregar leche.

No disfruté particularmente esos trabajos, pero ¿por qué los acepté? Todo era por el dinero. Por eso a menudo digo, "No hagas cosas por dinero, sigue tu pasión, y el dinero vendrá a tu vida. Permíteme repetirlo: Haz lo que amas, y el dinero vendrá a tí.

Tómate un momento para reflexionar: ¿Estás haciendo actualmente lo que amas? Detente y pregúntate: "¿Por qué estoy haciendo este trabajo?"

Podrías decir: "Porque tengo hijos". O,

- "Porque tengo una hipoteca que pagar".
- "Porque tengo un hogar que mantener".
- "Porque tengo deudas que saldar".

Y eso está perfectamente bien si tus razones provienen de un espíritu de gratitud. Recuérdate a ti mismo: "Estoy tan feliz y agradecido por mi casa, mi familia, mis hijos y mi trabajo", especialmente considerando que muchas personas no tienen trabajo y algunas están viviendo debajo de puentes.

Observa detenidamente tu vida. Identifica los hábitos que no te están impulsando al siguiente nivel, que te impiden convertirte en la persona que vive la vida que realmente amas.

Tal vez tienes demasiado tiempo libre, o tal vez te falta suficiente hambre por algo mejor. Puedes aspirar a ganar $1,000,000 o comenzar una empresa, pero las preocupaciones sobre el "cómo" podrían estar obstaculizándote. Hay innumerables "quizás" que podrían bloquear tu camino.

Sin embargo, estoy aquí para decirte que no necesitas saber cómo. No necesitas cada detalle ni cada próximo paso. Lo que necesitas saber es "¡Yo puedo!" y reconocer que "No puedo" es un concepto que NO existe.

Porque estos pensamientos que te obstaculizan son paradigmas. Actúan como obstáculos autoimpuestos. Recuerda, ¿qué es un paradigma? Es una forma habitual de pensar, un hábito de pensamiento.

Los paradigmas son programas que has visto u oído, y la información que has obtenido de otros. Ejercen control sobre todo en tu vida: tu ingreso, tu vida amorosa, tu éxito, gira en todos los aspectos de tu vida.

Un paradigma te mantiene estancado en el mismo lugar, creando una sensación de parálisis, al igual que un adicto a las drogas atrapado en los mismos patrones. Te hace retroceder tu progreso obtenido, alimentándote de mentiras y falsas razones por las cuales no puedes.

¡Pero la verdad es que puedes!

Puedes, gracias a la ley de la polaridad. En cada situación, hay un equilibrio de fuerzas negativas y positivas. Al mantener consistentemente pensamientos positivos, como enfatiza Wallace Wattles en "La Ciencia de Hacerse Rico", atraerás todo lo que desees a través de la ley del género.

En la vida, hay 24 horas en un día, 365 días en un año y 4 estaciones distintas. No experimentamos dos estaciones simultáneamente. Cuando escribes sinceramente tu objetivo, crees en él, lo firmas y le pones una fecha limite, pones en marcha una fuerza magnética que atraerá tu deseo en la fecha especificada.

Me sucedió a mí. Le sucedió a Bob Proctor. Le sucedió a John Canary, a Jack Canfield, el autor de "Sopa de Pollo para el Alma". A pesar del escepticismo inicial de otros, Jack Canfield no solo vendió 50 millones de copias de su libro, sino que también vendió la compañía por millones de dólares.

"¡No puedo!" solo existe si le otorgas creencia. La clave es creer en ti mismo en primer lugar. Deja de escuchar los paradigmas limitantes que insisten en "¡No puedo!", y en cambio, comienza a decir la verdad.

Empieza a afirmar "¡Puedo!" hasta que resuene como tu verdad innegable.

Este libro tiene como objetivo guiarte para que entiendas que múltiples realidades coexisten. Puedes estar viviendo en una dimensión, pero tiene el potencial de abrir tu conciencia a todas las posibilidades en diferentes dimensiones. Este cambio te permite aprovechar nuevos potenciales y acelerar tu progreso, haciendo lo que se conoce como un salto cuántico de un nivel a otro sin esfuerzo, siempre y cuando cambies tu perspectiva.

Reconoce que operas en un nivel energético, llamado vibración, una frecuencia de atracción que proviene de la energía de tus pensamientos. Si tus vibraciones están fuera de lugar, si tu corazón no está en ello, si la duda nubla tu fe en tus capacidades, obstaculizas tu capacidad para alcanzar lo que realmente deseas.

Por eso es crucial participar en actividades que disfrutes, como por ejemplo: ir al gimnasio. Realizar actividades productivas y placenteras te permite tomar el control de tu paradigma, alineándose con la vibración de lo que realmente deseas en tu vida.

Crear un nuevo paradigma implica el tercer nivel, la tercera forma de generar ingresos. Profundicemos en estos niveles:

Nivel 1: Involucra un trabajo donde intercambias tiempo por dinero, recibiendo un salario por hora o un sueldo mensual. Esto es similar a mis experiencias en McDonald's o en Chase.

Nivel 2: Implica comerciar dinero por más dinero. Esto sucede cuando haces que tu dinero trabaje para ti. Los inversores ganan dinero al hacer que su capital genere intereses, aumente su valor a través de acciones, o crezca de alguna otra manera.

Nivel 3: Transformar ideas en dinero. La energía de los pensamientos puede ser alterada o transformada, manifestando dinero aparentemente de la nada. Aunque pueda sonar imposible, el dinero es simplemente otra forma de la energía y sigue todas las mismas leyes de la naturaleza. Similar al agua que existe en varios estados: sólido como un iceberg, líquido como el océano, o vapor invisible como el aire, el dinero también puede tomar diferentes formas. Si quemas el aire, se convierte en éter. Está en el reino etérico.

Eso es como estar en el nivel de Dios. De esto se trata la energía. En nuestro universo, hay más materia no física que materia física. Casi toda la energía en el universo es así; no se puede ver ni medir. Pero sigue estando allí.

Como dice Wallace Wattles, "Hay una substancia pensante de la cual todas las cosas están hechas. Un pensamiento impreso en esta substancia produce la cosa que es imaginada por el pensamiento".

"Existe una dinámica en juego en la parte invisible del universo, y la clave es aprovechar lo no visible para que puedas crear la vida que deseas. Tus paradigmas, los pensamientos arraigados dentro de ti, pueden haber dictado anteriormente "No puedo", pero mediante la creación de nuevos paradigmas, puedes dar forma a un mundo alineado con tus sueños más elevados.

Entonces, ¿qué puedes hacer? Comienza por analizar tus pensamientos. Escucha lo que estás pensando en tu mente. Si los pensamientos provienen de tu paradigma, diciendo "No puedo", simplemente contrarrestarlos afirmando "¡YO PUEDO!" en tu mente.

Empezarás a entender:

- que todas las realidades existen
- que vas a crear tu propia realidad
- que vas a tomar el control del paradigma
- que vas a tomar el control de tus sentimientos, no de alguien más
- que nadie puede controlar cómo te sientes

Solo tú tienes el control sobre cómo te sientes porque solo tú puedes gobernar las imágenes y pensamientos que atraviesan tu mente durante todo el día. Estos pensamientos entran sin problemas en tu mente subconsciente, que está completamente abierta, esperando ansiosamente sugerencias. Es como si la mente subconsciente estuviera diciendo: "Dime en qué estás pensando, y te lo daré".

Si te repites constantemente a ti mismo, "No puedo comprar un coche", "No puedo comprar una casa", "No puedo concentrarme" o "No puedo crear nada", solidificas la creencia en tu mente de que realmente no puedes. Tus pensamientos se convierten en tu realidad, resonando con el principio fundamental de que:

"No puedo" no existe. "No puedo" no existe.

Si eso es cierto, entonces ¿qué sí existe? Tus pensamientos existen.

Podrías preguntarte: "¿Cómo puede existir el 'puedes'?" "Si mi pensamiento no es real, ¿cómo puede existir?"

Considera esto: "Si está en mi mente, ¿cómo creó Leonardo da Vinci la Mona Lisa?" Él creó la Mona Lisa en su mente, y la obra maestra expuesta en el Museo del Louvre en París es una réplica, una segunda copia. El original, la primera copia, existía únicamente en la mente de da Vinci, y él la llevó consigo cuando falleció.

Tu vida es una copia de tus pensamientos. ¡Eres el total de todo lo que has pensado, pasado, presente y futuro!

Piensa en eso.

Reflexiona sobre tu situación actual. Luego visualiza dónde quieres estar y reflexiona sobre por qué podrías haberte estado frenando.

Los paradigmas negativos tienen el potencial de ser destructivos, pero el poder de los paradigmas positivos puede aniquilar la mentalidad de "no puedo".

Los paradigmas positivos jugaron un papel transformador en desmantelar la mentalidad de "no puedo" en mi propia vida.

Tienes el poder de transformar tu vida, dando forma al paradigma de "No puedo". Puedes crear un nuevo paradigma que guíe tu vida hacia la abundancia, alejándote de la pobreza, la miseria, las carencias y las necesidades.

Recuerda que mencioné a ese amigo que me dijo: "Quiero comprar un coche". Tales expresiones a menudo provienen de un lugar de necesidad.

Sin embargo, es crucial recordar esto: en realidad no necesitas nada. Como ha enfatizado Bob Proctor, naciste rico.

Eres rico.

Eres feliz.

Estas saludable.

Eres un creador.

Eres una persona muy inteligente.

¡Haz realidad tus visiones, tus sueños!

Capítulo 10 Preguntas de Estudio

1. Los paradigmas son formas habituales de pensar.
    Explica cómo pueden moldear tu mundo, tanto en
    términos de éxito como de fracaso.

    _____

    _____

    _____

    _____

    _____

    _____

    _____

    _____

    _____

2. El dinero es energía intercambiada por valor. ¿Cuáles
    son los tres niveles de intercambio? ¿En qué nivel te
    encuentras ahora? ¿Dónde te gustaría estar?

    _____

    _____

    _____

    _____

    _____

    _____

    _____

    _____

3. ¿Cuáles son las cuatro cosas que necesitas saber para alcanzar tu meta, además de escribir tu tarjeta de objetivo?

_____

_____

_____

_____

_____

_____

_____

_____

_____

4. Haz una lista de afirmaciones de "¡Yo Puedo!" que afirman tus paradigmas positivos. Lee la lista en voz alta para ti mismo y memorízala.

_____

_____

_____

_____

_____

_____

_____

_____

_____

Capítulo 11

TODO YA ESTÁ AQUÍ

¡**H**az realidad tus visiones y sueños!

¿Cómo haces eso?

Lo haces entendiendo las leyes.

Lo haces entendiendo que nada se crea y nada se destruye. Todo lo que deseas ya existe.

La ciencia y la teología discrepan en muchas cosas, pero coinciden en un punto: nada se crea y nada se destruye.

Esto implica que la vida que deseas ya existe, incluso si es imperceptible para tus sentidos. Reside en una frecuencia específica, en una dimensión particular.

Lo que debes hacer es construir una imagen más empoderadora del "Yo Puedo", una imagen más convincente de "Ya lo hice", y una imagen más vívida de "¡Todo ya está aquí, y lo estoy aprovechando ahora mismo!"

Tráelo a la realidad. Visita la tienda de Gucci. Ingresa al concesionario del coche que deseas. Sumérgete en el lujo porque el lujo está al alcance de tu mano. TODO está al alcance de tu mano.

Dios no pretendía que estuvieras mal en todos los sentidos. La intención de Dios es que experimentes lo mejor que la vida tiene para ofrecer. La sociedad puede haber sugerido lo contrario, reforzando la idea de que "Quién eres es un empleado que trabaja de nueve a cinco". Pero tienes el poder de cambiar esa narrativa que te dice: "Trabajas duro pero nunca avanzas. Eso es lo que eres, y nunca cambiará. Supéralo y ponte a trabajar".

Déjame decirte quién eres realmente. Eres un espíritu, la forma más elevada de la creación de Dios. Dios no te diseñó para que mendigues; Dios deseaba que prosperaras y lograras el éxito.

Porque llevas la partícula divina, el espíritu de Dios vive dentro de ti y contigo, tienes el poder de crear cualquier cosa que desees. Eres parte de Él, y Él es parte de ti.

¡Puedes crear cualquier cosa que desees! Usa tu imaginación y pregúntate: "¿Cómo te sientes ahora que tienes esta vida de tus sueños?"

He manifestado mis visiones a la realidad. Ahora soy propietario de una hermosa villa en Portugal, otra en Marbella, España, y otras más en Cancún y Tulum. Viajo entre Estados Unidos y Europa. Tengo amigos en todo el mundo y estoy muy agradecido por ello.

Algunos de mis amigos se quedaron atrás porque no podían comprender que el "no puedo" no existe. Su negatividad, como mencioné antes, intentaba detenerme. Solo entendían sus limitaciones y las proyectaban sobre mí, quedándose en un lugar estancado, insatisfechos. Su mentalidad era de conformismo, trabajando para otros, pensando: "Estoy bien teniendo este trabajo porque para cuando tenga 65 años, tendré una pensión, viviré de ella y estaré bien porque tengo asegurado todo eso".

No es que haya algo malo con ese enfoque, pero la esencia de este libro es trascender al siguiente nivel. Así como yo lo hice cuando me convertí en multimillonario, teniendo suficiente dinero para comprar tres propiedades en un mes, comprar un Ferrari al contado y adquirir un Mercedes G Wagon.

¿Es real? Sí, es real.

Como dice Genevieve Behrend de manera acertada, "¡Oh, sueño fantástico!" Tienes el potencial de vivir un sueño fantástico a través de tus fantasías, pero hay cosas que necesitas entender.

La verdad es que has sido programado. Así como los paradigmas inculcados en ti desde una edad temprana: guarda los crayones, ve a la escuela, presta atención, haz lo que se te dice y trabaja para obtener buenas notas. ¿Sabes qué? Thomas Edison suspendió todas las asignaturas cuando era niño, lo que llevó a la expulsión de su colegio. Sin embargo, él llegó a convertirse en un genio, uno de los más grandes de todos los tiempos.

Yo suspendí varias asignaturas y algunas las aprobe. Mas tarde sucedió algo inesperado. Tomé una mala decisión, conduje ebrio y recibí una penalización, lo que resultó en la pérdida de su trabajo en el banco. ¿Pero su vida había terminado? ¡Nada más lejos de la realidad! Fue solo el comienzo de una nueva vida. ¡Seguí adelante y creé mi propia realidad, acumulando millones de dólares en el proceso!

Aquí tienes una tarea. Pregúntate a ti mismo: "¿Quién eres?" Tómate un momento para mirarte en el espejo, al igual que lo hizo Napoleon Hill cuando Andrew Carnegie lo instó a hacer lo mismo y recitar ciertas afirmaciones.

Considera esto otra lección, otro capítulo en este libro. El título es "Mi Vida". Antes de concluir este capítulo y el libro en sí, realiza este ejercicio para el futuro TÚ.

Adelante, mírate en el espejo. Dite a ti mismo: "YO SOY la persona que..." y completa esa oración describiendo vívidamente la vida de tus sueños. Hazlo como práctica diaria. Regresa al espejo y háblate sobre la persona en la que te estás convirtiendo. Escribe esta vida futura de los sueños que anhelas. Ponte frente al espejo antes de ir a dormir y afírmalo a ti mismo.

Lee en voz alta lo que has escrito. Esto se convierte en tu guion, el guion de vida, que define quién eres. "Mi nombre es _____. Voy a vender 50 millones de libros como Jack Canfield. Soy un autor bestseller del New York Times. Estoy feliz y agradecido de estar viajando por el mundo".

Tienes el poder de lograr todo lo que deseas, ilimitado, sin restricciones.

Es como un mago sacando un conejo de un sombrero. Tal vez sea porque todos querían ver al conejo.

¿Qué quieres sacar de ese sombrero de mago?

- ¿Quieres sacar una casa nueva?
- ¿Quieres sacar un coche?
- ¿Quieres sacar a tu novia/o, esposo/a o prometida/o?
- ¿Quieres sacar un jet privado?
- ¿Quieres sacar una experiencia, tal vez ir a Londres y maravillarte con el Big Ben?
- ¿Quieres ir a Egipto?
- ¿Te gustaría viajar a Chicago y visitar el Navy Pier?
- ¿Quieres ir a la Estatua de la Libertad en Nueva York, o disfrutar de las soleadas playas de Miami?

- ¿Te gustaría visitar San Francisco y contemplar el Puente Golden Gate?
- ¿Quieres explorar Chinatown en San Francisco?
- ¿Qué tal un viaje a las Bahamas, Puerto Rico, España, Alemania o Japón?

¡Las posibilidades son ilimitadas! ¡Puedes ir a donde quieras!

Yo he vivido estas experiencias, pero todo comenzó con una realización. Me dije a mí mismo: "Estoy cansado de obtener los mismos resultados. Quiero algo diferente".

Mis malas decisiones y una imagen distorsionada de mí mismo, casi me llevaron a un incidente trágico.

Por haber elegido beber y conducir, me encontré en la cárcel, perdiendo finalmente mi trabajo en el banco. No desearía que nadie pasara por los desafíos a los que me enfrenté, y por eso empecé a escribir libros.

Me di cuenta de que mis experiencias personales y mi trayectoria tenían una historia con una moraleja, un relato que podía compartir con otros. ¿Ha sido fácil? ¡No! Han habido numerosos fracasos en mi camino, y es probable que también enfrentes fracasos, al igual que yo, Thomas Edison y mi mentor, Bob Proctor.

Bob a menudo hablaba sobre el filo de la navaja, esa línea delgada entre el éxito y el fracaso. Es un equilibrio delicado, dependiente de tu perspectiva. Esa es la polaridad: positivo y negativo. ¿En qué lado estás mirando, el positivo o el negativo?

Es un filo de navaja estrecho, así que reflexiona sobre eso. Piensa en los desafíos que enfrenté. Considera lo que estás atravesando actualmente, y empodérate leyendo este libro. La repetición es crucial, como aprender a lanzar una pelota de béisbol: practícalo al menos mil veces.

Así es como cambias el paradigma. Un paradigma se aferra a los hábitos que has aprendido, insistiendo en que necesitas seguir trabajando, que no puedes hacerlo. Si crees esto, te dices a ti mismo: "No puedo hacerlo".

Cuando todos a tu alrededor dicen: "No puedes hacerlo", y te rindes, diciendo: "No puedo hacerlo", ahí es cuando has fracasado. Pero yo estoy aquí para afirmar que puedes hacerlo, que "no puedo" no existe. Puedes ser lo que quieras ser, solo recuerda lo que te dije: "¡Puedes hacerlo!" Incluso si no crees en ti mismo, cree que yo creo en ti.

He estado ahí y ahora vivo en el mundo de mis sueños. No porque sea especial, no lo soy. Pero descubrí el poder de no escuchar el paradigma negativo. En su lugar, escuché a los mejores mentores y aprendí a transformar mi pensamiento.

Todo está en tu mente. Haz un viaje ahí, al reino de la fantasía, tal como sugiere Genevieve Behrend, al sueño fantástico, y construye imágenes de abundancia.

Construye imágenes de:

- No me preocuparé por cuánto me va a costar este traje o vestido.
- No me preocuparé por los gastos del hogar y cómo mantener a mi familia.
- No me preocuparé por la cuota de membresía del gimnasio.

"Como un río fluye y sigue fluyendo, hay más dinero entrando. Puedo gastar lo que quiera".

Recuerdo haber ido a Canadá en un viaje de trabajo con Bob Proctor. Bob estaba en el escenario diciendo: "Nunca miro un recibo de compra cuando voy a la tienda, al supermercado, o cuando compro ropa. No puedo recordar el día en que haya mirado el precio de las cosas".

Puedes escuchar eso y decir: "Eso es imposible". Pero me pasa todo el tiempo ahora. Por ejemplo, cuando fui a un buen restaurante en Londres con mi hijo. Él estaba en shock por el precio de nuestra cuenta. Fuimos al mejor restaurante de Londres y pedimos la mejor carne, carne de Wagyu. La cuenta fue de $1500, y sí, disfruté de una botella de vino con uno de mis estudiantes de Londres. Mi hijo estaba en shock porque nunca había comido carne de Wagyu antes. La ternura y el sabor eran inimaginablemente excelentes, de la más alta calidad, perfectos. Él me dijo: "Qué gran diferencia hay en comer en este restaurante a comparación de una parrilla regular". ¡Tu vida también puede ser así!

Aumenta las cosas que deseas. Pide lo mejor. Amplía tus metas. Incrementa la cantidad de dinero que quieres ganar. Porque nada se crea y nada se destruye.

Todo lo que deseas ya está aquí.

Solo necesitas acceder a ello. Solo necesitas un poco de impulso. Lee este libro 100 veces. ¡1000 veces! Así como yo lo hice, escuchando y leyendo a Napoleón Hill. He leído sus palabras al menos 100 veces. Esto es lo que hizo Bob Proctor, y cómo trabajó Edison para inventar la bombilla incandescente. Necesitas hacer lo mismo.

Si lo haces, finalmente darás el salto cuántico que te impulsará con fuerza de cohete a otro nivel. Para mirar hacia atrás al lugar del que partiste, necesitarás un telescopio, como solía decir Bob Proctor. Y ahora puedo estar de acuerdo con todo mi corazón, "Bob tenía razón". De la misma manera, si sigues las lecciones que he explicado en este libro, algún día mirarás hacia atrás y dirás: "Ross tenía razón".

No siempre necesitas revisar el recibo de compra. Entra en situaciones con la mentalidad de que puedes tener todo lo que quieras, que puedes hacer todo lo que quieras, y que el "yo puedo" sí existe.

Puedes romper el paradigma. Puedes cambiar tu vida leyendo un libro y aplicando las lecciones que contiene.

De esto se trata el crecimiento y desarrollo personal, y estas son las lecciones que he estado implementando en mi propia vida desde 2010. He estudiado la información y he crecido más allá de lo que nunca imaginé.

Recuerda:

Debes crear tus propias visiones de la realidad y enamorarte de ellas. Nunca, nunca, nunca te rindas. Sabes profundamente en tu corazón que "no puedo" no existe. Dite a ti mismo: "Yo Puedo. ¡Yo Puedo! ¡¡YO PUEDO!!"

Capítulo 11 Preguntas de Estudio

1. "Nada se crea y nada se destruye." ¿Qué significa esto?
    ¿Cómo puede ayudarte esto a alcanzar tus deseos?

    _____

    _____

    _____

    _____

    _____

    _____

    _____

    _____

2. Dentro de ti tienes el carácter de Dios. ¿Cuáles son
    algunas de las cualidades de este carácter? ¿Qué puedes
    hacer que también hace Dios?

    _____

    _____

    _____

    _____

    _____

    _____

    _____

    _____

3. Mira en el espejo y dite a ti mismo: "YO SOY la persona que..." Completa la siguiente oración. Léela en voz alta todos los días.

_____

_____

_____

_____

_____

_____

_____

_____

_____

4. Escribe nuevamente tu declaración de objetivo. Recuerda lo que acabas de leer. ¡Pide en grande! ¡Pide lo mejor! ¡Todo es posible!

_____

_____

_____

_____

_____

_____

_____

_____

_____

CONCLUSIÓN

Este libro ha tardado mucho en escribirse. Ha abarcado toda mi vida hasta este punto, incluyendo mis errores, fracasos y éxitos. He compartido una parte de mi historia de vida, detallando mi viaje desde estar en el camino equivocado y en el lado equivocado de la ley hasta convertirme en un multimillonario feliz y exitoso.

Sin embargo, hay tres puntos cruciales que quiero enfatizar una vez más.

PRIMERO

Si no te gusta el rumbo de la vida en el que te encuentras, da este paso: Entra a tu baño y mírate en el espejo. En esa reflexión, verás a la única persona responsable de la vida que estás viviendo actualmente: te verás a ti mismo.

Pronuncia estas palabras a tu reflejo: "Soy responsable de mi vida. Acepto mi responsabilidad. Me perdono por cada error que he cometido. Reconozco que todas las posibilidades existen, y PUEDO convertirme en una persona nueva. SOY una persona nueva que abraza la abundancia, el éxito y vive la mejor vida".

Practica este ejercicio hasta que se haga parte de ti. Pronuncia estas palabras en voz alta e imagina que realmente ERES la persona en la que aspiras a convertirte en el futuro. Enamórate de esa persona y de la vida que sueñas.

SEGUNDO

Decir "¡PUEDO!" marca solo el primer paso. Debes realmente HACER algo. Desarrolla un plan y comienza; da ese PRIMER PASO. Puede ser un paso pequeño, pero el primer paso es crucial. Toma ACCIÓN con INTENCIÓN. Cuando des el primer paso, visualízate ya inmerso en la vida de tus sueños. Compórtate como si ya hubieras alcanzado el éxito que deseas. Actúa como un multimillonario. Esta es tu intención. Comienza a pensar y actuar como si ya hubieras llegado. Encarna esta nueva persona en todo lo que haces. Cultiva hábitos que se alineen con el éxito.

TERCERO

¡Enfoca tu atención en la sensación emocionante de ser un éxito! Irradias asombro, gratitud, benevolencia, alegría, inspiración y plenitud. ¡Nada puede interponerse en tu camino! El poder de la emoción intensa es ENORME. La emoción impulsa tu nueva vida más cerca de ti. Relájate y permite que lo Infinito avance hacia ti. Enfoca tus emociones y anticipación hacia tu nueva vida, tu futuro próspero de éxito, riqueza y todos los aspectos más finos de la vida.

Recuerda que tus pensamientos ejercen una influencia sin igual en toda la creación. Mantén un enfoque inquebrantable en tu sueño, imaginándote a ti mismo como la persona exitosa de tu más alta imaginación. Aborda cada acción desde la perspectiva de que tu nueva vida ya es una realidad. Mereces lo mejor, tienes derecho a la vida que sueñas. Serás la persona en la que pasas tu tiempo pensando.

Ahora todo depende de ti. No prestes atención a aquellos que dicen que no puedes. No te preocupes por las cosas fuera de tu control, o que son negativas. Revisa este libro y las preguntas de estudio nuevamente. Repite tus objetivos en voz alta, frente a un espejo. Lleva contigo tu tarjeta de objetivos y reflexiona sobre ella con alegría. Estate atento a las señales que te guían al siguiente paso. ¡Disfruta del proceso!

Ross García y Price Pritchett
El 11 de Octubre del 2019 en el evento "Paradigm Shift"
Hilton Los Angeles, California.

SOBRE EL AUTOR

R oss García es un exitoso empresario, autor y orador motivacional que ha dedicado su vida a ayudar a otros a alcanzar su máximo potencial. Con una historia de vida que incluye desafíos y triunfos, Ross ha compartido valiosas lecciones aprendidas a lo largo de su viaje hacia el éxito.

Nacido en un entorno desfavorecido, Ross experimentó luchas y obstáculos desde una edad temprana. Sin embargo, se negó a dejarse definir por sus circunstancias y se propuso cambiar su destino. A través del trabajo duro, la determinación y el desarrollo personal, logró convertirse en un multimillonario exitoso y respetado en el mundo de los negocios.

Ross es conocido por su enfoque inspirador y pragmático para el éxito. Ha compartido sus conocimientos y experiencias a través de libros, seminarios y programas de capacitación, motivando a otros a perseguir sus sueños con pasión y dedicación. Su mensaje se centra en la importancia de adoptar una mentalidad positiva, establecer metas claras y tomar medidas consistentes para lograr el éxito en todas las áreas de la vida.

Además de ser un empresario y autor prolífico, Ross es un filántropo comprometido que dedica su tiempo y recursos a causas benéficas. Cree en devolver a la comunidad y en ayudar a otros a superar los desafíos que él mismo ha enfrentado.

Con una combinación única de experiencia empresarial, sabiduría personal y pasión por el crecimiento personal, Ross García continúa siendo una fuente de inspiración y orientación para aquellos que buscan alcanzar nuevas alturas en sus vidas y carreras.

Disponible Ahora en Amazon.

Más Información Acerca Del
No Existe El "No Puedo"
Próximos Libros
o **Ross García,**

Visita

www.RossGarciaAuthor.com

Más libros próximamente…

www.ingramcontent.com/pod-product-compliance
Lightning Source LLC
Chambersburg PA
CBHW060614200326
41521CB00007B/770